Konrad Linz
Rasputin

SEVERUS Verlag

Linz, Konrad: Rasputin. Biografischer Roman. 2015
Neuauflage der Ausgabe von 1931
ISBN: 978-3-95801-391-9

Bibliografische Information der Deutschen Nationalbibliothek: Die
Deutsche Nationalbibliothek verzeichnet diese Publikation in der
Deutschen Nationalbibliografie; detaillierte bibliografische Daten
sind im Internet über https://dnb.de abrufbar.

Der SEVERUS Verlag ist ein Imprint der Bedey & Thoms Media GmbH,
Hermannstal 119k, 22119 Hamburg

SEVERUS Verlag, 2015
http://www.severus-verlag.de
Gedruckt in Deutschland
Der SEVERUS Verlag übernimmt keine juristische Verantwortung
oder irgendeine Haftung für evtl. fehlerhafte Angaben und deren Folgen.

Konrad Linz

Rasputin
Biografischer Roman

MIX
Papier aus verantwortungsvollen Quellen
Paper from responsible sources
FSC® C105338

Prophezeiungen

„Diebe!... Zu Hilfe! ... Haltet den Dieb! ..."

Das hysterische Jammergeschrei einer Frau zerreißt die Stille der Winternacht und einem Echo gleich pflanzt es sich nach allen Seiten hin fort, eine zweite Stimme wiederholt es, eine dritte, eine vierte ... Wächst an wie eine Lawine. Es scheint fast, als schreie jetzt schon das ganze, aus dem Schlaf geschreckte sibirische Dorf.

„Diebe! Diebe! Haltet den Dieb!"

An den Fenstern erscheinen die erschreckten Gesichter der Frauen. Die Bauern kommen aus den Häusern und laufen die Straße entlang, nach der Seite hin, woher der erste Jammerschrei erscholl. Sie rufen:

„Der Dieb ist gefangen ... der Dieb ... er wollte ein Pferd stehlen ..."

Da ist er auch schon, der an all dieser Aufregung Schuldige. Er wird von einigen Bauern festgehalten. Er steht inmitten eines lebendigen Kreises und sein bleiches, noch junges Gesicht erscheint grün im Lichte des Mondes. Seine Augen sind in Todesangst weit aufgerissen.

Der lebende Ring um ihn wird immer enger, wie eine Schlinge zieht er sich zusammen. Er muß den Pferdedieb gleich erwürgen ... Dieser bebt, wie im Fieber. Es beben seine Schultern, sein Kopf. Es beben seine leise aufeinanderschlagenden Kiefer. Er atmet schwer. Seinen blutlosen Lippen entringt sich unzusammenhängendes Gemurmel:

„Verzeiht ... Brüder ... um Christi willen, verzeiht ... Ich werde es nie wieder tun ..."

Wuterfüllte Stimmen bringen ihn zum Schweigen. „Kennen wir schon! ... Kennen wir! ... Jedesmal versprichst du, es nie wieder zu tun! ... Totschlagen muß man dich verdammten Pferdedieb! ... Schlagt den Dieb! Schlagt ihn! ..."

Aller Gesichter sind von Haß und Wut verzerrt. Geballte Fäuste, dicke Stöcke erheben sich drohend. Da hat auch schon einer mit der schweren Faust dem Dieb ins Gesicht geschlagen. Blut rinnt ihm aus der Nase, im Mondlicht schwarz scheinendes Blut – über Lippen, übers Kinn in den Bart.

Das Blut hat die tierischen Instinkte der Menge geweckt.

„Schlagt ihn! ... Schlagt ihn! ..."

Jetzt schreien bereits schon alle, als wären sie vom Wahnsinn gepackt.

Das Geschrei der Weiber und die Rufe der Männer steigern sich zu einem ohrenbetäubenden Geheul. Von allen Seiten hageln Schläge auf ihn nieder. Sie schlagen ihn auf den Kopf, auf die Brust, auf die Schultern, den Rücken. Mit Fäusten, Stöcken, Steinen ...

Der Pferdedieb hält sich noch immer auf den Beinen. Richtiger – ihn stützen die Bauern, die als erste über ihn hergefallen waren. Sein blutüberströmter Kopf mit den zerschlagenen und geschwollenen Lippen und dem blutunterlaufenen Auge fliegt, wie der Kopf einer Puppe, von einer Seite zur anderen.

„Totschlagen! Totschlagen!" gröhlt die Menge.

Der Dieb reißt sich mit übermenschlicher Kraft aus den ihn haltenden Händen los. Er bricht sich Bahn durch die Menge. Flieht. Er gleicht einem verwundeten, von Hunden gehetzten Tier.

„Haltet ihn! Er läuft uns weg! ..."

Gleich einer Lawine stürmt der Strom der Bauern hinter ihm her. Sie erreichen ihn. Stürzen über ihn, wie eine Welle. Jetzt liegt der Dieb schon am Boden. Mit ihren schweren, eisenbeschlagenen Stiefeln treten sie ihn. Es sieht aus der Ferne fast so aus, als tanzten diese schwarzen Silhouetten. Einen fürchterlichen Tanz: – einen Totentanz ...

„Halt!" schreit einer der Bauern und neigt sich über den leblosen Körper. „Scheint fertig zu sein ..."

Er sieht dem Dieb ins Gesicht. Geschwollen und blutüberströmt, umringt von zerzausten und von Blut und Schmutz geschwärzten Haaren, erscheint das Gesicht noch fürchterlicher im seltsam phantastischen Lichte des Mondes.

„Ra, jetzt kann er wahrlich nicht mehr stehlen!" murmelt einer der Bauern und lächelt düster dabei.

„Einem Hunde – eines Hundes Tod! ..." bemerkt tiefbefriedigt ein anderer.

„Jetzt aber, Kameraden, schleunigst zurück in die Häuser, bevor die Polizei – – – flüstert aufgeregt ein Dritter.

Die Bauern laufen mit derselben Schnelligkeit auseinander, mit der sie vor einigen Minuten von allen Seiten zusammengeströmt waren, um den Pferdedieb zu fassen. Fenster schlagen zu. Türen werden geschlossen. Lichter verlöschen. Die Dorfstraße ist plötzlich wieder leer. Versinkt in träumerisches Schweigen, als ob nichts geschehen wäre ... Nur die schwarze Silhouette eines menschlichen Körpers liegt da auf dem bläulich schimmernden Schnee.

Tod? Nein ... Langsam hebt sich der Kopf vom Erdboden ab. Der Dieb versucht, unter qualvollen Anstrengungen, sich auf seine Ellenbogen zu stützen. Er unterdrückt mühsam das Stöhnen, denn die Schmerzen sind fürchterlich. Eins seiner Augen ist geschwollen und geschloffen, mit dem anderen aber kann er sehen. Ein großes, rundes Auge, dem Auge eines Uhu ähnlich. Seltsam leuchtet es, als hätte das Mondlicht plötzlich eine grüne Flamme in ihm entzündet.

Der Dieb sieht sich um: die Straße ist leer ... Die Henker fort ... Jetzt kann auch er verschwinden: bis zu seiner Höhle kriechen, wie ein verwundetes Tier.

Er macht den Versuch, sich zu erheben, bemerkt aber plötzlich am äußersten Ende der Dorfstraße einen dunklen Schatten. Der Schatten nähert sich langsam und lautlos, wie ein großer, schwarzer Vogel, wie eine Vision. Was ist das? Eine Halluzination?!

Rasputin

Voller Unruhe sucht er in der Dunkelheit die Gegenstände zu unterscheiden. Sein heil gebliebenes Auge durchdringt die schwarze Nacht. Nein, das ist keine Vision – ein lebendiger Mensch! Er erkennt sogar: – die halb irrsinnige Greisin Marfa, im Dorf „die Hexe" genannt. Was will sie von ihm?

Er macht eine Bewegung, um davonzulaufen. Seine Füße tragen ihn aber nicht mehr, sind kraftlos ... Und außerdem hemmt ihn eine abergläubische Angst. Er läßt sich wieder zu Boden fallen, stellt sich tot.

„Die Hexe" nähert sich ihm, beugt sich über ihn und bohrt ihren Blick einige Minuten lang in sein zerschundenes Gesicht.

„Du lebst noch ... mich kannst du nicht betrügen ..." sagt sie. „Ja, ja, du lebst noch und wirst noch lange leben, aber – – – "

Dabei zeigt sie mit ihrem hageren Finger, der dem Finger einer Mumie gleicht, auf das Blut in seinem Gesicht und den Schmutz, in dem sein Kopf fast versinkt.

„ – aber in Blut und Schmutz, wie jetzt, wirst du dein ganzes Leben leben."

Der schwarze Schatten der Alten legt sich über das Gesicht des Diebes wie ein Trauerschleier, und inmitten dieses schwarzen Schattens brennt, wie ein Leuchtkäfer, das grüne Auge des Diebes, vor Schrecken und Angst weit aufgerissen.

„Hörst du mich, Grigorij Rasputin?" fragt die Hexe rauh. Ihre Stimme klingt düster und feierlich. Dabei berührt ihr knochiger kalter Finger seine Stirn.

„Hörst du mich? In Blut und Schmutz wirst du deine Tage beschließen ... in Blut und Schmutz wirst du ersticken und untergehen ..."

Das schneeverwehte Dorf schläft seinen ruhigen Schlaf. Die Stille der Nacht wird nur von der furchtbaren Prophezeiung der „Hexe" wie von dem Krächzen einer Krähe unterbrochen ...

1895. Mai. Moskau.

Im großen Kremlschloß ist Ball.

Der Ball bildet den Abschluß der pompösen Festlichkeiten aus Anlaß der Kaiserkrönung.

Der enorme Saal ist strahlend erleuchtet. Im Parkett des Fußbodens spiegeln sich die herrlichen marmornen Säulen.

Hunderte von Gästen. Die Auserwählten der Erwählten: ausländische Prinzen, Gesandte, Minister, Hofdamen, die russische Hocharistokratie.

Der Zar

Die silbernen Stimmen der großen Trompeten des Hoforchesters übertönen die Stimmen der anwesenden Gäste.

Nur gut: – neugierige Ohren können nicht verstehen, worüber in den einzelnen Gruppen getuschelt wird. Sie sprechen alle nur über ein und dasselbe: – über die „toten Gäste" des Zaren ...

„Tote Gäste", hat jemand die Unglücklichen genannt, deren Leichen man eben vom Chodinsker Feld nach dem Friedhof schafft. Es sind ihrer viele: Hunderte ... ja vielleicht sogar tausende.

Festlich gekleidet, mit strahlenden Gesichtern, eilten sie heute früh nach dem Chodinsker Feld, wo für sie – „für die Gäste des Zaren" – Krönungsgaben bereit lagen. Eine hunderttausendköpfige Menge überflutete das Feld, und plötzlich – (niemand wußte, weshalb dieses geschah) – begann ein fürchterliches Gedränge – eine Panik. Die Menge wurde plötzlich zu einer wilden Horde, drängte alles vor sich her und überrannte Menschen und Barrieren. Außer sich vor Grauen und Angst, suchten die Menschen Rettung, traten die Hingefallenen, und in einigen Minuten bildeten die Menschenleiber Berge Zerschundener. Verkrüppelter, Toter. Ihre Leichen werden wie Holzscheite auf Lastwagen gehäuft, mit Planen bedeckt und durch die Moskauer Straßen gefahren – durch die Straßen, die plötzlich verstummten, gelähmt vor Grauen und Schmerz ...

„Moskau ist in tiefe Trauer gehüllt. Bei Beerdigungen tanzt man nicht ... Der Zar hätte den Ball absagen müssen ..." raunen unzufriedene Stimmen.

„Diese Katastrophe ist ein böses Omen", flüstern die Abergläubischen.

Wieder übertönt die Musik des Hoforchesters das Stimmengewirr. Die Musiker spielen die Ouvertüre zum „Leben für den Zaren".

„Leben für den Zaren!" Diese Worte haben jetzt eine ganz besondere Bedeutung und klingen wie bitterer Hohn.

Da, wieder eine Neuigkeit! Sie verbreitet sich im Saal wie ein elektrischer Funke: – eben ist ein Telegramm aus Kiew eingetroffen ... ein Dampfschiff ist untergegangen, als es, anläßlich der Krönung, eine festliche Fahrt auf dem Dniepr machte ... 300 Opfer! ... Noch Opfer! Noch! ... Tragisch beginnt die Regierung des neuen Zaren.

Noch gedrängter werden die Gruppen der Gäste. Das Geflüster noch erregter und unruhiger. Das ist *sie*, die dem armen Zaren das Unglück brachte! *Sie*! Und das Unglück beginnt erst." ...

Die Zarin

„Sie" ... Alle wissen, wer „sie" ist: – die Prinzessin Alice von Hessen – Darmstadt, die heute Zarin aller Reußen wurde. Die Großfürsten und Großfürstinnen empfanden nur Feindschaft ihr gegenüber, seitdem „sie" bei Hofe erschien, und sie haben bereits den ganzen Hof gegen „sie" aufgehetzt.

„Sie" – mit wieviel Haß wurde dieses Wort ausgesprochen!

„Die Majestäten!" Feierlich verkündet es der Zeremonienmeister. Im Saal wird es plötzlich totenstill. Der junge Zar und die Zarin erscheinen am Eingang – betreten den Saal und schreiten an den zu beiden Seiten in Reihen stehenden Gästen entlang. Die Herren erstarren in tiefer Verbeugung. Die Damen neigen sich im Hofknicks. Aller Köpfe sind gebeugt und der Ausdruck in Gesicht und Augen ist nicht zu unterscheiden. Zum Glück! Denn sonst hätte die junge Zarin in diesen Gesichtern und Augen Feindschaft gelesen, die man sie von Anfang an hatte spüren lassen, heute – am Tage ihrer Krönung zur Zarin aller Reußen – wäre ihr dieses besonders schwer gewesen.

Arme, einsame und ungeliebte Zarin! Von dem Moment an, als ihr Fuß zum erstenmal dieses fremde Land betrat, war es ihr nicht vergönnt, ein freundliches Gesicht, ein liebenswürdiges Lächeln zu sehen. Nur ein Mensch hat ihr einmal zugelächelt, doch das war ein Bettler, dem sie aus dem Fenster ihres Eisenbahnwagens ein Almosen reichte. Das einzige Lächeln, das ihr in Rußland je begegnete!

„Gott erhalte den Zaren ..." singen die feierlichen, pompösen Akkorde der Zarenhymne. Der Zar und die Zarin schreiten an den ehrfurchtsvoll, fast andächtig geneigten Häuptern der Anwesenden vorbei. Kaum sind sie vorüber ändert sich das Bild sofort: Die eben noch gebeugten Nacken richten sich auf, die Gesichter werden wieder sichtbar und wieder bilden sich Gruppen, die erregt und geheimnisvoll von irgend etwas flüstern. ... Eine kleine Gruppe und in ihrer Mitte die 90jährige Gräfin Schachovskaja, eine lebende Mumie, Zeugin dreier Regierungen und Hofdame dreier Zarinnen. Diese Gruppe besteht aus Hofleuten – Kammerherren, Hofmeistern und Stallmeistern. Das Licht der Kronleuchter spielt auf den blanken Glühen der alten Herren, den goldgestickten Galaröcken, den Brillanten der Ordenssterne und Orden. Und hier wird erregt geflüstert über den jungen Zaren und die Zarin.

„Erinnern Sie sich, Durchlaucht, als sie getraut wurde?" murmeln die blutlosen alten Lippen und zeigen dabei die falschen Gebisse.

„Das war eine furchtbare Trauung, nicht wahr?" ...

„O ja, Exzellenz ... man könnte fast sagen, am Sarge des seligen Zaren ..."

„Und wissen Sie, Erlaucht, mir schien es damals fast, als gliche der Hochzeitsgesang einem Totengesang ..."

„Ganz recht, Durchlaucht! Ganz recht!"

„Und diese Krönung erst ... mein Gott! Scheint Ihnen diese nicht auch wie die Fortsetzung einer Totenmesse? ... "

„Aufrichtig gestanden, ja."

Die alte Gräfin Schachovskaja erhebt ihre knochige, gelbe Hand, die an eine Totenhand erinnert. Achtung! Die Gräfin möchte auch etwas sagen! Alles verstummt plötzlich. Die Hände an den Ohren, um besser hören zu können, neigen sich alle tief zu ihr nieder. Die weiße Perücke der Greisin verschwindet fast in der Menge der glänzenden Glatzen.

„Sie haben recht", sagt die Gräfin mit Grabesstimme, die pergamentne Haut ihres Gesichts bebt, es beben ihre wächsernen Finger, „Sie haben recht. ... Und ich ahne es voraus ja, ich ahne es und weiß, daß die Regierung des armen Nikolaus einer endlosen Totenmesse gleichen wird. ..."

„Gott erhalte den Zaren ...", spielt das Hoforchester und der Hofchor singt. Wie eine Dissonanz zu diesem Gebet klingt die unheilvolle Prophezeiung der Gräfin:

„ – – – die – – Regierung des armen Nikolaus wird einer endlosen Totenmesse gleichen ..."

Der Dieb

„Grischa, der Dieb" – so wird Rasputin im Dorfe genannt – ist schon seit mehreren Tagen nirgends mehr zu sehen, nicht auf der Straße, nicht in der Kneipe. Die Bauern sind erstaunt, raten hin und her: ist er krank? Tot? Wohl kaum. Ein anderer würde nach solchen grausamen Schlägen gewiß nicht mehr aufstehen, aber bei „Grischa" verheilen die Wunden schnell und hinterlassen keine Spur, wie bei einem Tier. Irgendeine Teufelskraft wohnt in seinem verfluchten Körper und sogar der Tod scheint ihn zu verschmähen. ...

Aber wo ist er denn? Die Neugierde der Bauern ist geweckt. Einer der Nachbarn geht in seine Hütte. Dort findet er nur die Familie „Grischas" – die Frau und die kleinen Kinder. Aber wo ist er selbst?

Fort auf immer. Er hat gesagt, er wollte ins Kloster gehen und seine Sünden abbüßen.

Das ganze Dorf lacht über diese Neuigkeit. Die Wände der Kneipen dröhnen von dem wilden Gelächter der Bauern: „Ins Kloster gegangen – ha, ha?! Ins Gefängnis gehört er, ins Zuchthaus, aber nicht ins Kloster!"

Sie lachen und der Dorfgeistliche, Vater Pjotr, spricht hustend und Speichel auf den Lippen: „Zu Gott will er beten – ha, ha! Dem Satan soll er eine Messe lesen, dem Satan, aber nicht Gott!"

Es beben vor Lachen auch die feisten roten Wangen und der dicke Bauch des Dorfpolizisten.

„Seine Sünden büßen – ha, ha?! Ich wette, daß wir bald von einem Raub im Kloster hören!"

Auch auf der Straße hört man schallendes Gelächter. Und wirklich, man kann sich schwer etwas Lächerlicheres vorstellen, als „Grischa, der Dieb", im Kloster. Wie ein wilder Strom wälzt sich das Gelächter die Straße hinab und überschwemmt den Marktplatz. Überall lacht man, überall, in jedem Hause ... nur in dem einen nicht, dem Hause Rasputins.

Dort weinen sie. Dort – im Halbdunkel der Hütte – spielt sich, unbemerkt von den andern, die Tragödie der verlassenen Familie ab.

Ein Dieb ist er? Ja! Ein Trunkenbold? Ja! Der Letzte im Dorf, gehaßt und verachtet von allen? Ja!

Aber – der Mann ... aber ... der Vater – – !!!

Monate ... Jahre ... vergehen. Von „Grischa" wird in diesem öden sibirischen Dorf schon nicht mehr gesprochen. Man hat ihn vergessen. Es ist, als hätte er nie dort gelebt. ... Seine Familie fristet das kümmerliche Dasein von Bettlern und Geächteten. Die Kinder eines Diebes! Erst herangewachsen, werden auch sie bestimmt stehlen. Der Apfel fällt nicht weit vom Stamm. Hat es einen Zweck, sie zu bedauern und ihnen zu helfen?

Es ist Sonnabend. Abend. Alle Männer sind in der Kneipe – dem dörflichen Klub. Heute geht es hier besonders hoch her, man hat einen seltenen Gast am Tisch: – es ist ein wandernder Händler mit religiösen Schriften. Ein interessanter Erzähler. Er durchwandert die Welt, sieht viel, hört viel, und die Männer lauschen gierig seinen Reden, Er ist die lebendige Zeitung des Dorfes. ...

Auch eben erzählt er eine spannende Neuigkeit: von einem Wundertäter, der in Sibirien aufgetaucht ist. Ein Gottesmann, ein Heiliger! Der Wunder, die er tut, sind unzählige. Durch das bloße Berühren der Hand heilt er Gelähmte und Epileptiker – durch Gebete beschwört er in regenarmen Gegenden den Regen herauf. Er weissagt, ohne sich zu irren. Vor kurzem z. B. sagte er einen Krieg voraus, und nun erdröhnen schon die russischen Kanonen auf den Schlachtfeldern der Mandschurei. ...

Ein Gesandter Gottes! Ein neuer Apostel! Es strömen zu ihm hin und folgen ihm Scharen von Gläubigen, die seine heiligen Worte hören wollen, und Kranke, die ihre Heilung von ihm erwarten. ...

Die Bauern lauschen gespannt, aufgeregt, voll abergläubischer Furcht. Überschütten den Erzähler mit Fragen: wer ist dieser neue Prophet und Wundertäter? Wann, wie und woher ist er gekommen?

Der Alte kann ihre Fragen nicht beantworten. Er weiß nur, daß der „Gottesmann" Rasputin, Grigorij Rasputin, heißt. ...

„Grischa?!" ... Die Männer sind bestürzt, betäubt. Sie trauen nicht ihren Ohren. „Grischa – der Dieb" – der alte Bekannte! – in der Rolle eines Propheten, eines Heiligen? Nein, nein, das ist unmöglich, unglaublich. Das kann bloß ein böser Scherz, eine teuflische Täuschung sein!

Und die Wände der Kneipe hallen wider vom Grollen der unwilligen Stimmen. Er hat scheinbar zu viel getrunken, dieser Lügner! Oder hält er sie für leichtgläubige Dummköpfe? Er soll machen, daß er fortkommt, solange seine Rippen noch ganz sind! Zum Teufel! ... Die Hunde sollte man auf ihn hetzen! Hinaus! Hinaus! ...

Ein Sturm von Unwillen, Drohungen, Verwünschungen. Der Händler, von allen Seiten von den erbosten Männern bedrängt, rettet sich durch die Flucht. Erst als er sich außer Gefahr steht, schüttelt er sich, wie ein aus dem Wasser gekommener Pudel und atmet erleichtert auf: „Gott sei Dank, heil und ganz! ..."

Aber noch lange nach seiner Flucht aus der Kneipe können die Bauern sich nicht beruhigen: „Grischa, der Dieb – ein Gottesmann?!" Ja, für solch ein Geschwätz verdient er mehr als totgeschlagen zu werden! ...

Schnell und einförmig, wie das Rauschen der Wellen, vergehen die Wochen, die Monate. ... Und plötzlich macht „Grischa" wieder von sich reden: eine alte Nonne, die im Dorf auf dem Wege zum Kloster übernachtete, hat einigen Frauen von dem neuen Wunder des „Gottesmannes", des Paters Grigorij – erzählt: sein Segen hat ein sterbendes Kind zum Leben zurückgerufen – einem Erblindeten das Augenlicht wiedergegeben – einem Stummen die Sprache. Ein kinderloses Weib, das sich danach sehnte, Mutter zu werden, hat geboren, nachdem der „Vater Grigorij" ihren Leib bekreuzigt hatte. Erstaunlich und unvergleichlich sind die Wundertaten dieses heiligen Menschen! ...

Die Frauen lauschen andächtig. Ihre Männer – die Bauern – kratzen sich verlegen den Kopf. Sonderbar, sehr sonderbar! ... Also hat dieser wandernde Händler, der die religiösen Schriften verkaufte, nicht gelogen? ... Dann ist „Grischa, der Dieb" wirklich ein „Gottesmann"?! Nein, sie können noch immer nicht an solch eine Verwandlung glauben! Man muß den Geistlichen fragen – den Vater Pjotr – was er wohl darüber denkt. ...

Es wird ans Fenster geklopft, leise und unentschlossen. Rasputins Frau erwacht. Sie horcht. Hat sie geträumt oder wurde wirklich geklopft? Und wer kann so spät bei ihr anklopfen? ...

Sie steht auf und geht zum Fenster. Hinter den trüben Scheiben, an denen die Tropfen des Herbstregens herablaufen, ist die dunkle Silhouette eines Mannes zu erkennen. Ein Wandersmann oder ein flüchtiger Zuchthäusler? Die einen wie die andern sind häufige Gäste im Dorf. Aber wer es auch sein mag, man kann einem Menschen in einer solchen kalten und regnerischen Nacht ein Obdach nicht verwehren!

Die Frau Rasputins öffnet die Tür und läßt den Gast herein. Dann geht sie zum Tisch und entzündet eine Kerze.

Der Gast steht auf der Schwelle und mustert neugierig das Zimmer. Sein Gesicht ist im Schatten und die Frau sieht bei dem spärlichen Licht der Kerze nur seinen dichten Bart, die langen Haare und die sonderbare Kleidung, die an die Kutte eines Mönches erinnert. Ein Bettelmönch. ...

„Erkennst du mich nicht?" fragt leise der Gast.

Die Frau macht einen Schritt vorwärts. Die Kerze zittert in ihrer Hand. Ihr Gesicht überzieht eine tödliche Blässe, die Augen werden groß und rund, auf den halbgeöffneten Lippen erstirbt ein Schrei.

„Erkannt?!"

Ja, ja ... gewiß ... jetzt hat sie ihn erkannt! Es ist ihr Mann! Grischa! Die Kerze entfällt ihrer Hand und verlöscht. Sie ist einer Ohnmacht nahe. ...

Die Hände Rasputins fangen sie auf, er setzt sie auf einen Stuhl und reicht ihr einen Topf mit Wasser.

„Trink ... beruhige dich ..."

Sie hat getrunken. Kommt zu sich. Ihre Augen, noch feucht von Tränen, saugen sich gierig an seinem Gesicht fest. Es ist schmal, dieses Gesicht. Der Bart ungepflegt. Ganz fremd scheint es ihr. Ihre schwachen Finger gleiten zärtlich über seinen Kopf, seine langen, strähnigen Haare. Die blassen Lippen flüstern zärtlich: „Grischa ... Grischenka. ..."

Sie lehnt ihren Kopf an seine Brust, umfaßt mit zitternden Händen seinen Hals und ihre schmalen Schultern beben vor Schluchzen.

„Lieber ... Teurer ..."

„Nun genug! ... Nun beruhige dich! ... Du siehst doch, ich bin wieder zurückgekommen ... . Warum denn weinen? Du mußt nicht weinen. ..."

Seine große und starke Hand klopft ihre Schultern, beruhigend und begütigend, während seine Augen das Zimmer aufgeregt absuchen.

„Und wo sind die Kinder? Leben sie? Sind sie gesund?"

„Dort … sie schlafen …

„Sie schlafen? Nun, auch für uns ist es Zeit zu schlafen. Ich bin müde vom Wege. Morgen können wir sprechen."

Ja, er muß ausruhen. Er hat einen so übermüdeten Ausdruck im Gesicht – hat wohl einen weiten Weg hinter sich … . Gleich wird sie ihm das Bett bereiten.

Er hält sie zurück: – nein, sie soll nichts vorbereiten! Schon lange schläft er nicht mehr in einem Bett. Er wird schon selbst für sein Lager sorgen … .

Er entzündet die Kerze, hebt die Luke im Fußboden auf und steigt die wackligen Stufen in den Keller hinab. Dort wird er schlafen – im Keller – auf den nackten Steinen.

Seine Frau sieht ihm erstaunt und beunruhigt zu, aber sie wagt es nicht, ihm zu widersprechen. Seine grünen Augen wirken einschüchternd, beängstigend und lähmend. Sie haben einen sonderbaren, ihr ganz fremden Ausdruck, geheimnisvoll und befehlend … .

Die Kellerluke schließt sich. Die Frau bleibt allein. Ihre Augen starren auf das Quadrat der Luke, und das Herz krampft sich zusammen im Vorgefühl aufregender Geschehnisse. Der Keller erscheint ihr wie ein Grab. Die herabgelassene Kellerluke – wie eine Grabplatte. … Mit dem Instinkt der Frau und Gattin fühlt sie, daß von diesem Augenblick an sich zwischen ihr und ihrem Mann eine Kluft aufgetan hat, daß er jetzt von neuem fortgegangen ist, aber dieses Mal schon für immer … für immer! …

Der Regen trommelt einförmig auf das Dach und von den dunklen Scheiben laufen die Tränen des Herbstes herab – ebensolche wie von den bleichen und schmalen Wangen der Frau, die mitten im halbdunklen Zimmer dasteht, wie eine Statue, wie die Verkörperung des Schmerzes und der Verzweiflung.

Heiliger – oder Teufel?

„ ... Seitdem dieser Abgesandte des Satans hier ist, ist meine Gemeinde nicht wiederzuerkennen. Er hat mit seinem verpesteten Atem ihren Verstand und ihre Seelen vergiftet, er tötet in ihnen den Glauben an Gott und macht sie zu gefügigen Dienern des Antichrist. ..."

Die Feder zittert in der Hand des Vater Pjotr, des Ortsgeistlichen. Ob vor Erregung, oder weil die alten Finger, des Schreibens ungewohnt, geschwächt sind und leicht ermüden?

Das ganze Zimmer ist in Dunkel gehüllt, nur auf das dicht beschriebene Papier fällt grelles Licht einer Petroleumlampe. Lustig knistert im Ofen das Feuer. Ein Heimchen zirpt hinter dem Ofen sein monotones Lied. Die Wanduhr tickt. Von draußen her dringt das gedämpfte Geheul eines rauhen sibirischen Schneesturmes ins Zimmer – es klingt fast, als heulten hungrige Wölfe.

„ ... und macht sie zu gefügigen Dienern des Antichrist", ließ Vater Pjotr laut. Was wollte er denn eigentlich noch schreiben? Nachdenklich streicht er sich die faltige, hohe Stirn, nagt am Federhalter. Aha, jetzt fällt es ihm ein! Natürlich, auch darüber muß er seiner Obrigkeit berichten!

„ ... Er hat hier eine Sekte gegründet – ‚chlisti' – ", schreibt der Geistliche weiter. „Die Zahl der Anhänger seiner gottlosen Lehre wächst täglich. Besonders viel Frauen – ältere, jüngere, ja selbst junge Mädchen gehören dazu. Gierig haschen sie nach jedem seiner Worte und sind davon überzeugt, daß der liebe Herrgott selbst durch seinen Mund zu ihnen spricht ... ."

Die Feder knirscht in den zitternden, welken Fingern. Langsam malt der Schreiber Zeile für Zeile auf das Papier.

„ ... Während der Versammlungen der Sekte werden gotteslästerliche Messen abgehalten. Die Achtung vor Ew. Eminenz, mein Stand als Priester, mein hohes Alter und nicht zuletzt mein Schamgefühl, gestatten mir nicht genauer zu erzählen, was auf diesen ruchlosen Versammlungen geschieht. Ich kann nur eins sagen, daß die Sünden Sodoms und Gomorras von dem Zynismus und den Ausschweifungen dieser Orgien in den Schatten gestellt werden ... ."

Der Bericht wächst Zeile um Zeile. Schon drei ganze Seiten sind dicht beschrieben. Das ist aber nicht alles, o nein, lange nicht alles! Vater Pjotr hält es für seine Pflicht, Seiner Eminenz über alles zu berichten.

„ ... Dieser Pseudo-Prophet, diese Satansbrut, dieser Antichrist vergewaltigt nicht nur allein die Seelen der Frauen, nein, auch ihre Leiber. Er verführt sie und schändet sie. Er redet ihnen ein, daß sie, um zu bereuen und um die Vergebung der Sünden zu erlangen, noch die eine Sünde begehen müßten, die schwerste Sünde – die Sünde des Fleisches. Diese Sünde erniedrigt die Frau bis zum äußersten. Und je mehr sie erniedrigt ist, desto eher dringt ihr Gebet zu Gottes Ohr ... . Seine Anhängerinnen, blind im Glauben an jedes seiner Worte, sehen auch in dieser Lehre eine Offenbarung und tun ergeben alles, was er von ihnen verlangt ... ."

Die Wanduhr schlägt heiser zehn. Schon drei volle Stunden schreibt Vater Pjotr. Doch jetzt nähert sich sein Bericht endlich dem Ende: „ ... Der Keller seines Hauses – in dem er nach außen hin das Leben eines Asketen führt – ist der Ort seiner ‚heiligen' Handlungen. Von allen Seiten pilgern seine Anhänger dorthin. Ich habe nicht die Kraft, den Strom dieser Wahnsinnigen aufzuhalten. Man hört nicht auf mich, lacht mich aus, droht mir sogar ... . Und wenn nicht sofort energische Maßnahmen zur Errettung meiner Gemeinde unternommen werden, meiner Gemeinde, die schon am Rande des Abgrundes steht, wenn diese verirrten Schafe nicht sofort in den Schoß der Heiligen Kirche zurückgeführt werden – – – "

Das sind die „verirrten Schafe"! Sie sitzen um einen langen Tisch herum, auf dem zwölf Talgkerzen brennen. Männer, Frauen und Mädchen. Alle tragen lange, bis auf den Boden reichende, weiße Hemden. Nichts weiter … .

Überhitzte Gesichter, fanatisch glänzende Augen. Sie singen im Chor ein melancholisches Lied, das einem Choral gleicht und wiegen sich dabei von einer Seite zur anderen. In der Mitte dieser Gruppe – Rasputin. Auch er trägt ein weißes Hemd – einem Leichengewande ähnlich. Sein Gesicht gleicht einer Maske aus Gips, in der nur die Augen leben – große, grüne Augen, in denen das Licht der Kerzen den Glanz widerstrahlt. Er singt im Chor mit und starrt dabei auf einen Punkt, als sähe er etwas vor sich, was sonst niemand sieht. …

Die Talglichter brennen nieder. Bald werden sie verlöschen. Der Gesang nimmt ein schnelleres Tempo an, die Gesichter werden erregter, die Bewegungen der Leiber fieberhafter. Plötzlich richten sich aller Augen wie auf Kommando auf Rasputin. Er erhebt sich und geht langsam, mit leerem Blick, wie ein Nachtwandler bis zur Mitte des Zimmers. Nur der Rhythmus bleibt derselbe – fieberhaft, erregt.

Rasputin beginnt, auf einer Stelle stehend, langsam abwechselnd die Füße zu heben, als fühlt er den Boden unter seinen Füßen heiß werden. Sein Körper bewegt sich im Rhythmus des Liedes.

Der Chor singt schneller, und ebenso schnell beginnt Rasputin zu tanzen. Er hebt immer schneller und schneller die Füße. Sein ganzer Körper – der Kopf, die Schultern, Arme, Schenkel machen ungestüme und konvulsivische Bewegungen.

„Schneller … ! Schneller … !"

Er dreht sich wie ein Kreisel. Das weiße Hemd umwirbelt seinen bebenden Leib wie eine Wolke. Sein Atem geht kurz und schwer, kaum hörbar ruft er heiser: „Schneller … ! Schneller … ! Schneller … !"

Der Chor beschleunigt das Tempo. Die rasende Schnelligkeit des Rhythmus bringt die Sänger ganz außer Atem. Plötzlich ist Rasputin mit einem Sprung – dem Sprung eines Tigers – wieder am Tisch. Seine grünen, runden, irren Augen mustern prüfend die Gesichter der Frauen … Suchen ein Opfer … da ist es schon – ein junges, bildhübsches Mädchen, das er schon lange sucht … .

Mit seinen starken Armen greift er nach ihm, hebt es auf beide Arme, trägt es … .

„Die Auserwählte … die Auserwählte … !" murmeln, wie im Trance, die Frauen und Männer.

Er stellt das Mädchen in die Mitte des Zimmers, legt seine Arme um die Schultern des Mädchens und beginnt sich mit ihm auf einer Stelle im Kreise zu drehen, immer schneller im Rhythmus des Tanzes, immer schneller – bis der Tanz ein rasendes Tempo erreicht hat.

Der Chor schweigt plötzlich. Vom Tisch erhebt sich ein anderes Paar – eine Frau und ein Mann – , stumm beginnen auch diese sich im Kreise zu drehen. Dann ein drittes Paar, ein viertes. … Jetzt tanzen schon alle. Ein sonderbarer und fürchterlicher Tanz – ohne Musik, ohne begleitenden Gesang, ohne Worte. … Als hätte der Wahnsinn alle gepackt, als hätte sie alle ein Wirbelwind ergriffen … .

Ihr Atem geht immer schneller … . Bleiche, verzerrte, von Fanatismus glühende Gesichter … . Düsteres Feuer in den Augen … .

„Löscht das Licht! Löscht das Licht!" befiehlt Rasputin mit heiserer, erstickter Stimme, ohne sein Opfer loszulassen, das er noch immer mit wahnsinniger Schnelligkeit umherwirbelt.

Das Mädchen ist schon fast bewußtlos, hängt kraftlos in seinen starken Armen.

„Löscht das Licht! Löscht das Licht!" befiehlt er zischend.

Die Lichter verlöschen. Das Zimmer versinkt im Halbdunkel. Durch die schneeverwehten, kleinen Fenster dringt spärlich das Mondlicht. Und in diesem phantastischen Licht erscheinen die stumm und rasend schnell sich drehenden Figuren in den langen, weißen Hemden wie Gespenster.

Nur die dumpfen Ausrufe, die Schreie lassen erkennen, daß es sich hier nicht um Gespenster, sondern um lebendige Menschen handelt. ...

„ ... Die Sünden Sodoms und Gomorras werden von dem Zynismus und den Ausschweifungen dieser Orgien in den Schatten gestellt. ..."

So schreibt Vater Pjotr Seiner Eminenz. Und er übertreibt nicht.

„Ein Gendarm ist angekommen. ... Ein Gendarm. ... Man hat ihn aus Tjumen geschickt, um Vater Grigorij zu verhaften ... . Der Geistliche hat Vater Grigorij denunziert!" ...

Das Dorf gleicht einem aufgestörten Ameisenhaufen. Von Mund zu Mund geht die alarmierende Neuigkeit:

„Ein Gendarm ist gekommen, um Vater Grigorij zu verhaften! ..."

Gesprochen wird darüber nur in ängstlichem Flüsterton, jedoch klingt das Flüstern wie Feueralarm. Eine aufgeregte Menge umringt das Haus Rasputins. Die Stimmen der Männer und Weiber schwellen zu einem drohenden Gebrüll an: „Wir geben Vater Grigorij nicht heraus! Für ihn sterben wollen wir, aber ihn herausgeben, nie!"

Sie sind wirklich bereit, jedes Opfer zu bringen – man braucht ja nur in ihre Gesichter zu blicken, um davon überzeugt zu werden. Das sieht auch der Gendarm, der hierher gesandt worden ist.

Ihn schrecken weder die Drohungen, noch die vor Unwillen und Wut verzerrten Gesichter. Er wird und muß seine Pflicht tun!

Die Menge auseinanderdrängend, betritt er das Haus Rasputins, steigt hinunter in den Keller, wo eben ein „Gottesdienst" stattfindet. Er bleibt einen Augenblick in der Tür stehen, entsetzt über das sich ihm bietende Bild: die weißgekleideten Andächtigen liegen betend auf den Knien, die Arme verzückt zur Decke erhoben. Inmitten dieser Betenden erhebt sich die Gestalt Rasputins – streng und hoheitsvoll. Er betet mit der Menge. Den eintretenden Gendarmen scheint er nicht zu bemerken. Halbgeschlossen sind seine Augen. Leise murmelt er die Worte des Gebetes vor sich hin ... und plötzlich entringt sich seiner Brust ein Schrei, ein furchtbarer, erschütternder Schrei, der das Blut in Herz und Adern erstarren läßt: „Gott, errette uns ... . Errette uns ... !"

Schluchzen, Jammergeschrei und die Gebete bilden einen furchtbaren Chor. Die Betenden neigen ihre Köpfe bis tief auf den Boden ... schlagen mit den Stirnen auf die steinernen Fliesen. Und inmitten dieser halbirren Menge erhebt sich die Gestalt Rasputins, scheint größer und größer ... . Sein nach hinten geneigtes Haupt, umstrahlt vom Licht der Kerzen, gleicht dem Kopfe eines Apostels.

Das Gesehene läßt den Gendarm in Andacht erbeben. Alle Entschlossenheit, mit der er kam, um Rasputin zu verhaften, ist wie weggewischt. Er ist wie betäubt von dem Gesehenen, ergriffen von diesem heillosen Fanatismus.

Einen Augenblick noch steht er unentschlossen da, zittert am ganzen Leibe. Plötzlich saugen sich Rasputins Augen an seinem Gesicht fest, durchbohren ihn förmlich – riesige, strenge, grüne Augen – sie scheinen ihn zu hypnotisieren. Und von diesem Blick überwältigt, läßt sich der Gendarm langsam auf die Knie nieder und hebt anbetend seine Hände zu Rasputin: „Segne mich, heiliger Vater ... !"

Noch immer umsteht die Menge Rasputins Haus.

„Der Gendarm hat die Heiligkeit Vater Grigorijs erkannt ... und alle werden die Heiligkeit erkennen. Alle!"

Rasputin im Kreise der Gemeinde

Nein, nicht alle! Noch sind im Dorf Männer, in deren Herzen der Haß zu Rasputin wächst. Das sind die Männer und

Väter der Frauen und Töchter, die den Ausschweifungen des „Heiligen" zum Opfer gefallen sind. ... Sie hassen ihn jetzt noch mehr als früher, „Grischa, den Dieb". Damals drohte er nur ihrer Habe, ihrem bißchen Besitz, jetzt ist ihre Familie in Gefahr.

„Totschlagen muß man dieses Reptil!" beschließt eine Gruppe von Verschwörern. „Jetzt lassen wir ihn nicht mehr lebend aus unseren Händen!"

Sie lauern ihm in dunkler Winternacht in einer leeren Dorfstraße auf. Sie wissen, daß er hier vorbeikommt, auf dem Nachhausewege von seinem augenblicklichen Opfer, der Gussewa.

Rasputin nähert sich der Hütte. Nur einige Schritte trennen ihn noch von der Gruppe. Jetzt ist es Zeit! Die Bauern fahren aus ihrem Versteck, umringen Rasputin. Einige von ihnen packen ihn an Händen und Füßen, während die anderen ihm einen Sack über den Kopf ziehen. Ein kurzer erbitterter Kampf .... Rasputin macht verzweifelte Versuche sich loszureißen, jedoch ist die Übermacht auf der Seite der anderen. Nach einigen Augenblicken schon tragen sie ihr Opfer fort. In den Fluß mit ihm, in ein Eisloch!

Ganz bei ihrem mörderischen Vorhaben, ohne nach links oder rechts zu sehen, bemerken die Bauern nicht, daß sie beobachtet worden sind ... daß der intimste Freund Rasputins, der entlaufene Sträfling Keschka, sie mit seinen scharfen Augen erspäht hat. Er hat sie aus dem Fenster seiner Hütte, hinter deren Wand sie sich versteckt hielten, schon die ganze Zeit beobachtet. ... Er hat auch gesehen, was geschah, und daß sie Rasputin wegschleppten, um ihn zu ertränken.

Halbbekleidet verläßt Keschka seine Hütte und rennt aufgeregt zum Polizeiwachtmeister, dem einzigen Repräsentanten der Macht im Dorf. Schlägt mit den Fäusten gegen die Tür: „Öffnet schnell! ... Man will Grischa ermorden!"

Nach einigen Augenblicken, noch außer sich vor Schreck, berichtet er dem Polizeiwachtmeister: „Sie haben ihn zum Fluß geschleppt ... werden ihn ersäufen! ... Helft, helft!" ...

Die Hilfe kam wirklich noch zur rechten Zeit, denn hätte sich der Polizeiwachtmeister nur um Minuten verspätet, so wäre Rasputin schon ins Eisloch hineingeworfen worden.

„Ihr dürft ihn nicht totschlagen!" sagt der Wachtmeister zu den Bauern. „Ich selbst werde ihn bestrafen, damit er euch nicht mehr gefährlich wird."

Und da steht auch schon Rasputin vor dem Wachtmeister in dessen Amtsstube. Sein Gesicht ist wohl bleich, aber vollkommen ruhig, im Gegensatz zum Gesicht des Wachtmeisters, das ganz rot vor verhaltener Wut ist.

„Ich habe schon lange mit dir abrechnen wollen", schreit der Wachtmeister mit wutverzerrter Stimme. „Schon lange! Du hast das ganze Dorf entehrt! Du hast alle Bauern verrückt gemacht!"

Er greift mit seinen Händen in Rasputins Bart und reißt daran, als wollte er ihm den Bart abreißen. Der Kopf Rasputins fliegt von einer Seite zur anderen, kein Wort aber, kein Laut entringt sich seinem festverschlossenen Mund.

Endlich läßt der Wachtmeister Rasputins Bart los.

„Warte mal, du wirst mir gleich sprechen!"

Der Wachtmeister ergreift eine Peitsche aus langen Lederriemen. Eine Peitsche, mit der man den Rücken eines Pferdes blutig schlagen könnte, hält sie in der erhobenen Hand, schlägt noch nicht zu, denn er möchte sich erst an der Angst Rasputins weiden ... .

„Weshalb schweigst du?"

„Weshalb denn sprechen? Hat Christus nicht gelitten und uns zu leiden gelehrt?"

„Nichtswürdiger! Du wagst es noch, den heiligen Namen Christi zu brauchen? ... Du – Teufelsbrut?! Ich werde dir ..."

Die Hand des Wachtmeisters hebt sich. Jetzt wird er die Peitsche gleich niedersausen lassen, drauflos schlagen. Wie Feuer wird das zerschundene, blutende Gesicht brennen.

In diesem Moment stürzt ein Polizeisoldat ins Zimmer und flüstert dem Wachtmeister zu: „Seine Eminenz sind eben vorgefahren ... werden gleich hier eintreten."

„Der Bischof?!" Der Wachtmeister ist wie betäubt von dieser Neuigkeit. „Rasch diesen Verbrecher verschwinden lassen!" Er zeigt mit dem Kopf auf Rasputin. „In die Gefangenenzelle mit ihm, ich werde morgen mit ihm abrechnen."

Der Soldat packt Rasputin beim Ärmel und führt ihn ab. Der Bischof betritt das Zimmer.

Sofort ändert sich der Ausdruck auf dem Gesicht des Wachtmeisters. Er lächelt unterwürfig: „Ew. Eminenz ... diese Ehre!"

Hinter dem Rücken des Bischofs das erschrockene Gesicht des Geistlichen, Vater Pjotrs. Er macht dem Wachtmeister mit den Augen verschiedene Zeichen, die dieser nicht versteht ... .

Rasputin ist in der Gefangenenzelle. In einem dunklen, feuchten Kellerraum. Kalt. Keine Bank, keine Pritsche zum Schlafen. Man ist gezwungen, auf dem nackten, steinernen Fußboden zu liegen. Rasputin ist an solch ein anspruchsloses Lager gewöhnt ... .

Er zieht seinen Kaftan aus und breitet ihn auf den Fußboden. Als er sich eben hinlegen will, hört er den Schlüssel im Schloß knirschen. Jemand schließt die Zellentür auf. Der Wachtmeister? So schnell?

Nein, es ist nicht der Wachtmeister, sondern der Soldat.

„Komm ... man ruft dich ..."

Rasputin folgt ihm verwundert. Er betritt das Zimmer, das er erst vor einer Viertelstunde verlassen hat. Erstaunt erblickt er darin den Geistlichen und noch einen kirchlichen Würdenträger. Der Pelz, den der Unbekannte trägt, verbirgt das Bischofskreuz auf seiner Brust … .

„Lassen Sie uns allein" – befiehlt der Fremde dem Wachtmeister und dem Geistlichen.

„Zu Befehl, Ew. Eminenz …"

„Seine Eminenz?!" Rasputin ist aufs höchste verwundert, fassungslos.

„Und schließen Sie die Tür …"

„Zu Befehl, Ew. Eminenz!"

Die Tür ist geschlossen. Jetzt steht Rasputin mit dem Bischof allein. Letzterer mustert ihn mit einem neugierigen Lächeln, ihn, der mit seinem zerzausten Bart und zerrissenen Kleidern lächerlich und jammervoll aussieht.

„Hm! … So siehst du aus?" murmelt der Bischof ironisch. Dann mustert er Rasputin noch einmal vom Kopf bis zu den Füßen und lacht leise: „Gehört habe ich von deinen Heldentaten … ja. gehört … . Der Vater Pjotr hat mir geschrieben … und der Polizist hat mir eben auch davon erzählt … ."

Und plötzlich hört er auf zu lachen. Sein Gesicht wird ernst und streng.

„Ich wollte mit dir über etwas sprechen. Aber vor allem, weißt du auch, wer ich bin?"

Der erschrockene und erregte Rasputin schüttelt verneinend den Kopf.

„Ich bin – Bischof Warnawa!"

Bischof Warnawa! Natürlich hat Rasputin schon diesen Namen gehört! Ein Mann mit einem besonderen Lebensschicksal: war gewöhnlicher Bauer – Gärtner … Man meint noch heute an seinen groben und stark geäderten Händen Spuren von Erde zu bemerken … . Als alter Mann ging er ins Kloster … Nach einigen Jahren wurde er aus einem gewöhnlichen Mönch, Abt des Klosters … dann Bischof … Jetzt erscheint er bei Hofe. … Man sagt, die Zarin selbst sei ihm

wohlgesinnt und läßt sich von ihm Ratschläge erteilen … .
Also, das ist er, dieser Bischof Warnawa, von dem Rasputin schon so oft gehört hat! Jetzt ist die Reihe an Rasputin, den Bischof neugierig zu mustern. …

„Das, wovon ich mit dir sprechen möchte, ist sehr wichtig und muß unter uns bleiben …" sagt der Bischof und senkt die Stimme zum Flüsterton. – – –

Hinter der Tür stehen der Wachtmeister und Vater Pjotr. Sie horchen. Versuchen wenigstens ein Wort zu erhaschen. Vergebens: das Flüstern des Bischofs ist durch die fest verschlossene Tür hindurch nicht zu verstehen … Worüber kann sich Seine Eminenz mit solch einem Banditen unterhalten?" wundert sich der Wachtmeister und zuckt die Achseln.

„Vielleicht führt er ihn auf den rechten Weg? …"

Jetzt dauert das Gespräch schon zwanzig Minuten, ganze zwanzig Minuten! Vater Pjotr hat nach der Uhr gesehen, als die Unterredung begann.

„Er kommt! …" Der Wachtmeister springt erschrocken von der Tür zurück. Nach ihm Vater Pjotr.

Der Bischof öffnet die Tür. Mit einer Kopfbewegung ruft er den Wachtmeister heran.

„Nun, wir sind fertig … Jetzt kann ich weiterfahren …"

Der Wachtmeister und Vater Pjotr begleiten den Bischof zum Schlitten. Indem er sich in den Schlitten setzt und seine Beine mit dem Bärenfell bedeckt, sagt der Bischof zum Wachtmeister: „Es kann sein, daß ich diesen … Rasputin bald nötig haben werde. Schicken Sie ihn nach Tjumen, sobald ich den Befehl gebe."

Der Wachtmeister senkt ehrfurchtsvoll den Kopf.

„Unter Bedeckung? Im Sträflingswagen?"

Der Bischof schüttelt verneinend den Kopf: „Nein, warum im Sträflingswagen? Im Gegenteil: – in einem Abteil erster

Klasse, und daß unterwegs in jeder Hinsicht für ihn gesorgt wird ..."

Der Wachtmeister sieht den Bischof verständnislos an: – scherzt er? Macht er sich über ihn lustig? Nein – das Gesicht des Bischofs ist ganz ernst ...

Fassungslos, aufs höchste verwundert und wie betäubt kehrt der Wachtmeister in das Zimmer zurück. Dort findet er Rasputin vor. Eine Minute lang zögert er noch, dann nähert er sich ihm. Und mit unterwürfigem Lächeln fragt er: „Wovon haben Sie mit Seiner Eminenz gesprochen, Grigorij Efimovitsch?"

„*Sie*", anstelle des gewöhnlichen „Du"?! „*Grigorij Efimovitsch*", anstelle von „Grischa"? Das unterwürfige Lächeln auf dem Gesicht, das vor dem Kommen des Bischofs von Verachtung und Haß verzerrt war? Die Hand, die ihm noch vor einer Viertelstunde mit der Peitsche gedroht hat, klopft ihm nun mit ehrfurchtsvoller Zutraulichkeit auf die Schulter?!

Was für eine erstaunliche, unglaubliche Verwandlung! Rasputin weiß nicht, womit und wie er sie sich erklären soll, aber er weiß und fühlt es schon, daß in seinem Leben eben eine große Veränderung vor sich gegangen ist, daß der frühere Rasputin – „Grischa, der Dieb" – gestorben ist ... Daß ein neuer Rasputin – „Grigorij Efimovitsch" – geboren worden ist – dessen Stern eben erst aufgeht und einst in hellem, blendendem Glanz erstrahlen wird ...

Unbeständiges Glück

Endlich allein!

Der langgehegte, durch nichts zu ertötende Wunsch des Zaren und der Zarin, Petersburg endlich den Rücken zu kehren, ging in Erfüllung. Sie verließen das Winterpalais, hinter dessen Mauern im Laufe der Jahrhunderte sich so manches blutige Drama abgespielt hatte und übersiedelten nach Zarskoje Selo. Diese kleine, stille Stadt wird von nun an ihre Residenz sein. Sie waren hier, in den bescheidenen und gemütlichen Zimmern des Alexanderschlosses, das mehr einem Gutshause, als einer kaiserlichen Residenz glich, befreit von allem, was ihr Leben bedrückte und beschwerte: von dem Hofklatsch und den Intrigen, von den feierlichen Empfängen, den langweiligen und ermüdenden Zeremonien. Alles dieses lag jetzt in der Vergangenheit, wie ein böser Traum, wie ein Alpdruck.

Die Aufregungen der letzten Jahre, auch diese sollten hier vergessen werden. Es waren fürchterliche Jahre! Die kaiserliche Familie lebte in ständiger Gefahr. Verschwörungen, Attentate der Terroristen, Morde ... Die Unglück verkündenden Prophezeiungen der alten Gräfin Schachowskaja, damals auf dem Ball während der Krönungsfeierlichkeiten, waren eingetroffen: Die Regierung Nikolai II. glich bis jetzt tatsächlich einer Totenmesse, die kein Ende nehmen wollte. ...

Ein Minister nach dem anderen fiel den Bomben und Höllenmaschinen der Terroristen zum Opfer. Ja selbst der Onkel des Zaren, der Großfürst Sergei, starb eines grauenvollen Todes – er wurde von einer Bombe in Stücke gerissen. Die Revolution, diese blutige Brandfackel, raste über ganz Rußland. Ganze Städte, Dörfer und Güter wurden ein Raub der Flammen. Das rote Schwert des revolutionären Terrors machte reiche Ernte. Das blitzende Stahlschwert der Strafexpeditionen wehrte diese Greuel ab und rächte sich ... Blut, Blut und nochmals Blut ... Überall Blut! Das Blut überflutete Städte und Dörfer und floß sogar am 9. Januar 1905 auf dem Platz vor dem Winterpalais.

Nach diesem schicksalsschweren Tage verließen der Zar und die Zarin Petersburg. Sie zerrissen die Fäden, die sie an den Hof und an das Hofleben banden, an diesen Hof, der nur von Intrigen und Verschwörungen lebte.

Und endlich sind sie in Zarskoje Selo, dem stillen Hafen – und endlich allein! Das Leben beginnt von neuem. Noch einmal werden die Flitterwochen gelebt und genossen.

„Ich kann nicht beschreiben, wie glücklich wir sind und wie schön wir hier zu zweien leben ..." schreibt der Zar in sein Tagebuch.

Und auch die Zarin fühlt sich unendlich glücklich. Leicht und gern hat sie auf alles das verzichtet, was ihr von Rechts wegen zukommt und gehört: auf den Prunk und den Glanz des höfischen Lebens, auf Auszeichnungen, ja selbst auf die Macht. Ihr müdes und von beständigen Ängsten und Aufregungen gequältes Herz sehnt sich nur nach Ruhe und Frieden. Sie möchte nicht Kaiserin sein, nur Frau und Mutter! 200 Millionen ihrer Untertanen träumen nur davon: „Oh, wenn wir doch nur einen Tag so leben könnten, wie der Zar und die Zarin!" Und sie, die Beherrscherin des sechsten Teiles der Welt, betet flehend zu Gott: „Schenk mir nur das, was du der Frau des kleinsten Mannes nicht versagst: die stillen Freuden des Familienlebens ..."

Und fast ist es so, als hätte Gott ihr Gebet erhört: die ersten Monate dieses neuen Lebens gleichen in allem dem friedlichen und bescheidenen Leben des von ihr so beneideten Kleinbürgers. Dieses Leben erfüllt die Herzen des Zaren und der Zarin mit Seligkeit. Sie freuen sich, sie sind glücklich wie die Kinder ...

Der Zar ist nur während der einen Hälfte des Tages durch Regierungsgeschäfte in Anspruch genommen. Die andere Hälfte des Tages und den Abend widmet er seiner Familie.

Die Zarin geht ganz auf in der Erziehung ihrer Töchter und in der Sorge um ihren Sohn – den Thronfolger. Friede, Liebe und Freude herrschen in der Familie. Was für ein Glück! ...

Jedoch das Glück dieser Welt ist keinem Menschen ewig hold. Schon verhängt das Schicksal neue Prüfungen über Zar und Zarin. Schwere, bleiern schwere Wolken senken sich über das Schloß: – der unglückselige Krieg mit Japan und die Krankheit des Thronfolgers. Der kleine Alexei ist Bluter, leidet an Hämophilie. Diese seltene, qualvolle und unheilbare Krankheit – bei der die geringste Verletzung innere Blutungen hervorrufen und tödlich wirken konnte – war in der Familie der Zarin erblich und wurde von den weiblichen Gliedern der Familie auf deren männliche Nachkommenschaft übertragen: der Zarin Onkel, ihr jüngster Bruder und zwei Neffen von ihr waren an Hämophilie gestorben ... . Jetzt ist der Sohn an der Reihe ... dieser entzückende Knabe mit den wunderschönen blauen Augen, die wie zwei Sterne leuchten, und diesen goldblonden Locken – dieser Knabe, der einem Engel ähnlich sah – ist auch gezeichnet ... .

Die Verzweiflung der Zarin ist grenzenlos. Von dem Augenblick an, seitdem man um die Krankheit des kleinen Thronfolgers wußte, lebte die Zarin in stetiger, qualvoller Angst um die Gesundheit des Sohnes. Das Bewußtsein, daß sie ihn verlieren könnte, vielleicht schon sehr bald verlieren könnte, bringt sie zur Verzweiflung ... Sie ist den ganzen Tag bei ihm und verbringt die Nächte im Gebet für ihn.

Die Leibärzte stellen mit Besorgnis fest, daß diese stetige Angst ihre Gesundheit untergräbt und ihre Nerven zermürbt. Sie wollen sie dazu bewegen, sich zu schonen und sich einer Kur zu unterziehen. Kur? O nein! Sie will und kann nicht an sich denken, solange ihr Sohn in Gefahr schwebt!

Diese Gefahr droht jeden Augenblick. Aljescha ist ein Kind. Er möchte springen, Jungenstreiche machen, sich tummeln, wie jedes Kind. Aber eben all dieses ist ihm verboten: er könnte hinfallen und sich verletzen, und dann erscheinen wieder diese bösen blauen Schwellungen und die quälenden Schmerzen, und wieder beugt sich dann das Gespenst des Todes über sein Schmerzenslager … .

Armer, kleiner Märtyrer, dem alle Freuden eines Kindes versagt bleiben! Aus den Schloßfenstern sieht er seine Altersgenossen, die im tiefen Schnee herumtollen, Spiele spielen, einander Bälle zuwerfen, radeln, und er, auch ein Kind und doch schon Invalide, darf nichts weiter sein, als unbeteiligter Zuschauer, muß immer und immer wieder nur dieselben Mahnungen hören:

„Ruhiger, Aljescha, nicht so stürmisch! … Dir sind rasche Bewegungen verboten! …

„Verboten! … Das kleine Herz krampft sich zusammen vor Neid und Schmerz. Diese Tragödie einer Kinderseele fühlt und teilt die Mutter – und doch kann sie ihm nicht helfen, mit Nichts helfen! Sie kann nur weinen und beten.

Im „Schwarzen Salon"

Der „Schwarze Salon". So wird in Petersburg der Salon der Gräfin Ignatjeff genannt. Hier flechten die zum kaiserlichen Hof Gehörigen ihre Intrigennetze, hier wird Politik getrieben und gemacht ...

Ständige Gäste in diesem Salon sind frühere Minister und Minister im Amt, Kirchenfürsten, Generäle, die Führer des „Verbandes echt-russischer Leute". Hier ist der Sitz ihres Generalstabs. Jedoch auch andere Gäste finden sich oft hier ein: Bankiers, Großkaufleute, Spekulanten, internationale Abenteurer und auch einfach Verbrecher großen Formats. Diese organisieren hier die größten Finanzgeschäfte, schmieden Pläne und kombinieren ... .

In den letzten Jahren tauchten im Salon der Gräfin Ignatjeff noch andere, neue Gäste auf: „Hellseher", „Hypnotiseure", „Magier" und „Wundertäter", weil die Petersburger Gesellschaft sich für alle okkulten Dinge zu interessieren begann und der Spiritismus Mode geworden war.

Auch heute findet hier eine spiritistische Sitzung statt. Im dunklen Saal, um einen runden Tisch, eine große Gesellschaft. Alle Anwesenden haben ihre Hände auf den Tisch gelegt, zu der sogenannten „Magischen Kette" vereint. Sie unterhalten sich mit dem „Geist", stellen Fragen an ihn und lauschen mit abergläubischer Spannung auf die Klopfgeräusche. Einmaliges Klopfen bedeutet: „Ja" – zweimaliges – „Nein".

Plötzlich aber – die Sitzung hat gerade ihren Höhepunkt erreicht und der Geist hat eben auf eine alle interessierende Frage mit „Nein" geantwortet, ruft Maria Golovina – in der Gesellschaft „Munja" genannt, ein junges, wunderschönes

Mädchen – mit lauter, unwilliger Stimme: „Das ist empörend! Das ist Fopperei!"

Die Gäste sind in Aufruhr, außer sich. Was ist geschehen? ... Das Licht leuchtet auf und die Augen aller richten sich auf Munja, die vor Empörung hochrot im Gesicht ist ... .

„Nicht der ‚Geist' hat geklopft, sondern er ... er!"

Sie zeigt dabei auf ihren Verlobten, den Gardeleutnant Lwoff.

„Er hat geklopft, er! Ich habe gerade in dem Augenblick nach seiner Hand gegriffen, als er – – "

Allgemeine Empörung. Ein dummer Spaß! Eine unglaubliche Frechheit! Lwoff, von allen Seiten angegriffen, gleicht einem bei der Tat ertappten Schüler. Er murmelt: „Ja, er fühle sich schuldig ... er wollte aber nur scherzen ... er bitte um Entschuldigung ... ."

Das plötzliche Erscheinen des Kammerherrn Burdukoff rettet die Situation. Nicht nur allein das Erscheinen, sondern die Neuigkeit, die Burdukoff eifrig der Gräfin Ignatjeff und den Gästen mitteilt: sofort werde der Bischof Hermogen hier erscheinen und mit ihm der neu aufgetauchte Prophet, den der Bischof Warnawa aus Sibirien mitgebracht hat.

Rasputin?!?

Gespannte Neugierde auf den Gesichtern aller Gäste. Burdukoff wird von allen Seiten mit Fragen überschüttet: ob das alles wahr wäre, was man über diesen Rasputin erzähle? Er sei ein Abgesandter Gottes, er täte Wunder, alle seine Prophezeiungen gingen in Erfüllung ...

Burdukoff kann kaum alle die an ihn gerichteten Fragen beantworten. Ja, ja, alles sei wahr! Ein außergewöhnlicher Mensch! Ein von Gott Gesegneter! ... Nein, kein Mensch, sondern ein Heiliger! ... Ein neuer Apostel! ... Die hohe und höchste Geistlichkeit selbst, der Rektor der geistlichen Akademie Theophan, die Priester Johann von Kronstadt und Wostorgoff, ja selbst die Kirchenfürsten Warnawa und Hermogen – sie alle hätten die Heiligkeit Rasputins anerkannt!

Bebend vor Aufregung lassen die Zuhörer die Worte Burdukoffs auf sich wirken. Die Neugierde jedoch ist noch nicht ganz befriedigt. Ob es wahr sei, daß man Rasputin für den einzigen Menschen halte, der Rußland vor der Revolution bewahren könne?

„Ja, auch das ist wahr!" bestätigt Burdukoff. „Er allein kann den Thron und die rechtgläubige Kirche vor dem Untergang bewahren ... Man müßte es nur so einzurichten verstehen, daß der Zar mit ihm zusammenkomme und mit ihm spreche, damit er die ehrliche und aufrichtige Meinung dieses russischen Bauern höre – dieses Vertreters einer 180millionenköpfigen Bauernschaft – diese Stimme der russischen Erde!"

Von allen Seiten beifällige Ausrufe: „Natürlich! ... Natürlich! Bis jetzt hat der Zar nur auf die falschen und verderblichen Ratschläge der Hofschranzen, die mit dem „Westen" liebäugeln, gehört, und das Ergebnis? – Die Revolution steht vor der Tür – – – "

„Seine Eminenz!" meldet der Diener.

Allgemeine Bewegung in der Gesellschaft. „Sie kommen!" Die Gräfin Ignatjeff eilt ihren neuen Gästen entgegen.

Aller Blicke sind gespannt auf die Tür gerichtet. Die Gesichter der Anwesenden drücken Neugierde und Erwartung aus.

Der Bischof Hermogen betritt den Salon. Während er die Gräfin Ignatjeff segnet, fixieren die Gäste neugierig Rasputin, der auf der Schwelle, hinter dem Bischof, stehen geblieben ist. Dieser Rasputin ähnelt jetzt wenig dem zerlumpten, kläglichen Bauern, den wir zum letztenmal im Zimmer des Dorfpolizeiwachtmeisters sahen. Petersburg hat ihn bis zur Unkenntlichkeit verwandelt: der Bart ist sorgsam gekämmt, die Haare geglättet und blank. Angezogen ist er wie ein Bauer aus der Operette: ein neuer Kaftan, ein seidenes Hemd, hohe Lackstiefel ... . Von seinem Platz an der Türschwelle aus fixiert er mit seinem durchdringenden Blick die Gäste, als wollte er ihr Innerstes ergründen ... .

Die Gräfin nähert sich Rasputin und flüstert erregt: „Ich bin so glücklich ... Ihr Besuch – ein Segen für mein bescheidenes Haus ..."

Rasputin hört nur zerstreut hin. Er betrachtet aufmerksam die Anwesenden. Plötzlich bleibt sein Blick auf Leutnant Lwoff hängen, dessen Mund ein ironisches Lächeln umspielt. Er stößt die Gräfin grob zur Seite, geht auf Lwoff zu, bleibt vor ihm stehen und indem er ihn mit seinen messerscharfen Blicken durchbohrt, sagt er streng: „Ich durchschaue dich ganz ... Ich lese deine Gedanken ... böse Gedanken ..."

Der Leutnant ist einen Augenblick wie vor den Kopf geschlagen, beherrscht sich aber sofort wieder und mißt Rasputin mit verächtlichen und spöttischen Blicken vom Kopf bis zu den Füßen. „Sie haben sich, mein Lieber, in der Person geirrt ... behalten Sie Ihre Schlauheiten für sich ... ich kann Scharlatane nicht ausstehen ..."

Die Gäste sind in größter Erregung. „Ein Skandal! ... Er beleidigt den heiligen Vater! ..." Munja flüstert erschreckt dem Leutnant etwas zu und führt ihn zur Seite. Die Damen umringen Rasputin.

Ein neuer Gast schreitet die breite Marmortreppe hinauf, die aus dem Vestibül zu den im ersten Stock gelegenen Empfangsräumen führt. Es ist Fürst Felix Jussupoff, ein junger Offizier, Gemahl der Großfürstin Irene Alexandrowna – ein besonderer Liebling des Zaren.

Schon auf dem ersten Treppenabsatz prallt er mit Lwoff zusammen: „Du gehst schon?"

„Ich gehe nicht, ich flüchte aus diesem Irrenhaus! Diese Geistesgestörten können einen zur Raserei bringen ... . Sie haben sich auf Rasputin gestürzt, wie die Bienen auf den Honig – – – "

Die Zarin mit dem Thronfolger

„Was?!? Rasputin ist hier?!?"

„Ja, er ist hier. Hat zu kommen geruht ... . Wenn es dir nicht widerlich ist, kannst du sofort einer fabelhaften ‚Gala-Vorstellung' beiwohnen. Du kannst dann sehen, wie dieses dressierte Schwein den Gästen seine Kunststücke vormacht und wahre Wunder der Equilebristik vollführt."

Wieder Rasputin! Jussupoff wird jetzt neugierig! Er hat im Laufe des Tages schon einige Male diesen Namen gehört. Überall, wo er Besuche gemacht hatte. Für Rasputin ist bereits eine glänzende Reklame gemacht worden. ... Es wäre doch sehr interessant, sich diesen Helden des Tages mal anzusehen!

„Du wirst ihn gleich sehen, ihn und unsere Gänse. Ich mache dich aber darauf aufmerksam: das Getue in den Salons wirkt geradezu abstoßend. Ich wette, daß auch du es dort in den Zimmern nicht aushalten und davonlaufen wirst."

„Was geschieht? Höre mal ..." Lwoff erzählt, und dabei bebt seine Stimme vor Empörung: „Der ordinäre, schmutzige Bauer liegt, Beine und Arme von sich gestreckt, sehr ungezwungen in einem Sessel und jongliert mit Bibelstellen und eigenen Aphorismen, die an die Phantasie eines Betrunkenen erinnern, so sinnlos sind sie. Es macht fast den Eindruck, als mache er sich über alle lustig ..."

„Aber die Damen? Hören sie ihm trotzdem zu?"

„Zuhören? Nein, das ist nicht der richtige Ausdruck: Sie starren ihm direkt in den Mund, haschen gierig nach jedem seiner Worte, schnaufen vor Begeisterung und flüstern andächtig: ‚Eine Offenbarung! Heilige Worte! Eine Stimme aus dem Himmel! ...' Diese Idioten!"

Jussupoff lacht. Ihn amüsiert Lwoffs Entrüstung. Eigentlich wäre es an der Zeit, sich an das exzentrische Gebaren der Damen der höchsten Gesellschaftskreise zu gewöhnen. Sie wechseln ihre Götter wie die Handschuhe. Vorgestern galt als Beherrscher all ihres Denkens und Handelns der Scharlatan – Hypnotiseur Papus, gestern noch der „Magier" Philipp, ein gewandter Franzose, heute schon ist die Reihe an Rasputin ... .

„Ein grober Bauer?"

„Ja, ein grober Bauer! Das ist Snobismus, nichts weiter! Delikatessen haben sich unsere Damen übergegessen, jetzt sehnen sie sich plötzlich nach Sauerkraut. Von dem vielen Kuchen ist ihnen übel geworden, schwarzes Brot dünkt ihnen wie Leckerbissen … . Momentane Launen eines übersättigten Magens! Morgen bereits wird Rasputin durch einen anderen ersetzt werden: Wie viele warten noch darauf, an die Reihe zu kommen!"

Lwoff erwidert lebhaft: „Nein, diesmal ist das alles nicht so einfach. Wenn selbst der Bischof Hermogen diese Angelegenheit in die Hand genommen hat, wenn er selbst Rasputins ‚Manager' ist."

Nicht allein „Manager", sondern auch Regisseur: Bevor er Rasputin in den „Schwarzen Salon" einführte, hatte der Bischof fleißig mit ihm die neue Rolle geprobt – hatte ihn gelehrt, was er zu sprechen habe und wie er sich betragen müsse. Jedes Wort war durchdacht, jede Bewegung bis in die geringsten Details berechnet. Rasputin war gehorsame Marionette in den gewandten Fingern des Bischofs, und es schien, als wäre das Debüt glänzend gelungen … .

Es schien so … jedoch Rasputin vergaß nach den ersten Schritten, die er nach Betreten des Salons gemacht hatte, sofort seine Rolle.

Begann mit der unmöglichen Szene mit Lwoff und ließ dann alle Zügel schießen. Diese mehr als ungezogene Art zu sitzen – die kräftige und sehr gewagte Ausdrucksweise – das sehr primitive Urteil, das vielleicht auf die völlig ungebildeten Bauernweiber großen Eindruck gemacht hätte, erscheint hier, in dieser Gesellschaft, fast komisch – dieses familiäre Klopfen auf Arme und Knie der Damen – ist es denn möglich, daß der Bischof Rasputin das alles gelehrt hat?! …

Eine Schande ist es! Ein Skandal! Der Bischof sitzt wie auf Kohlen und beobachtet jede Bewegung Rasputins. Auf den erregten Bischof macht Rasputin den Eindruck eines wildgewordenen Elefanten, der in einen Porzellanladen eingedrungen ist. Mit großem Lärm und Geklirr stürzen die herrlichen Kristall – und Porzellangegenstände zu Boden, die Scherben brechen jämmerlich unter den schweren Tritten dieses plumpen, wilden Tieres … . Ganz so zertritt Rasputin jetzt die Illusionen des Bischofs … . Diese Folter muß schneller ein Ende nehmen. Rasputin muß von hier fort, bevor die Geduld der Gräfin und ihrer Gäste endgültig gerissen, bevor der Skandal da ist … .

Der Bischof erhebt sich und will sich verabschieden. Es wäre schon spät, er müsse ins Kloster … zum Abendgottesdienst.

Rasputin erhebt sich nur schwerfällig. Man merkt ihm die Unlust an. „Man kann ja auch schließlich fahren …"

Der Bischof atmet erleichtert auf: Gott sei Dank, die Quälerei ist zu Ende! Er segnet die Gräfin und macht schon einige Schritte auf die Tür zu, bleibt aber plötzlich wie gebannt stehen, erschüttert, erschreckt, verwundert. Das, was er in diesem Augenblick gesehen hat, erfüllt sein Herz mit Schrecken.

Er sieht – – – was – – für eine heillose, unerhörte Frechheit! – – – Er sieht, wie Rasputin seine Hand der Gräfin zum Kuß hinhält.

Was ist aber das?! Was ist das?! Der Bischof traut seinen Augen nicht: Er sieht, daß die Gräfin sich über Rasputins Hand geneigt hat und andächtig ihre Lippen darauf drückt, als küßte sie ein Heiligenbild … . Und auch die übrigen Damen … . Ja, selbst Munja Golovina, die junge, reine, entzückende Munja! Auch sie berührt mit ihren schönen, keuschen Rosenblättern gleichenden Lippen die grobe, behaarte Hand Rasputins, küßt seine Finger, deren Nägel schwarz umrändert sind. …

Einige Augenblicke starrt der Bischof aus weit aufgerissenen Augen, blaß vor Staunen … . Die Stimme der Gräfin läßt ihn erst wieder zu sich kommen: „Ich bin Ew. Eminenz unendlich dankbar … . Unvergeßliche Augenblicke waren das."

Sie bittet ihn, Sonnabend mit dem „Heiligen Vater" wiederzukommen. Die Großfürstinnen Melitza und Anastasia, die Baronesse Rosen, der Fürst Andronnikoff werden da sein … . Noch viel mehr Mitglieder der höchsten Gesellschaft werden kommen. … Es sei unbedingt nötig, daß alle die heiligen Worte Grigorij Efimovitschs hören … daß alle sich anbetend vor ihm neigen … .

Ja, ja, er würde kommen. Noch ein paar Abschiedsworte, und der Bischof geht zur Tür. Rasputin folgt ihm. Jedoch schon an der Tür, in dem Augenblick, als der Bischof als erster hinausgehen will, ebenso wie er hereinkam, schiebt ihn Rasputin zur Seite und flüstert, hämisch lächelnd: „Warte … jetzt ist die Reihe an dir, zweiter zu sein." …

Der Bischof zuckt zusammen und verzieht sein Gesicht zu einer Grimasse, als hätte er sich mit dem Ellenbogen am Treppengeländer gestoßen. Was für eine maßlose Frechheit! Er mißt Rasputin mit einem vernichtenden Blick. Beider Blicke begegnen sich – die grünen Augen Rasputins blitzen triumphierend … .

Nur einen kurzen Augenblick dauert diese Szene. Der Bischof hat plötzlich begriffen und fühlt, daß Rasputin recht hat – er hat heute in der Tat den ersten Platz gewonnen. Er ist Sieger – ein Held! Und vielleicht wird er diesen ersten Platz lange behalten – – vielleicht für immer! –

Die bange Nacht

Drei ganze Tage bereits hat die Zarin weder ein Auge geschlossen, noch etwas gegessen. In diesen drei fürchterlichen Tagen hat sie sich bis zur Unkenntlichkeit verändert. Ihr Haar ist in Unordnung, die Augen haben einen sonderbar fieberhaften Ausdruck, die Wangen sind eingefallen, und um den Mund ziehen sich zwei tiefe Falten. ... Sie ist ein Schatten ihrer selbst! ...

Sie sitzt am Bette des kranken Thronfolgers – totenbleich, stumm und unbeweglich – der personifizierte Schmerz und die grenzenloseste Verzweiflung. Ihre Augen fixieren ununterbrochen das durchsichtige, wächserne Gesicht des Sohnes. Er ist bewußtlos. Manchmal stöhnt er leise, manchmal phantasiert er, – noch ist warmes Leben in diesem kleinen zerquälten Körper.

Die Zarin sitzt schon drei Tage an derselben Stelle – von dem Augenblick an, als man den Thronfolger bewußtlos ins Bett gelegt hatte.

Ein unglücklicher Zufall; er war auf dem Parkettfußboden ausgeglitten und hingefallen. Dieses Mal war die Verletzung besonders schwer. Eine Ohnmacht, eine blaue Geschwulst, innere Blutungen ... .

Drei Tage bemühen sich die Ärzte um den armen Kranken. Sie sind aber machtlos – sind nicht imstande, den Gang der Krankheit aufzuhalten oder abzuschwächen.

Dieses Mal ist der Krankheitsprozeß quälender als früher. Für Augenblicke kommt der kleine Märtyrer zu sich, dann fliegt und zuckt sein armer kranker Körper vor unerträglichen Schmerzen. Er weint und stöhnt – und verliert von neuem das Bewußtsein ... .

Schon drei Tage dauert diese Folter. 72 Stunden! Und jede Stunde, jede Minute scheint eine Ewigkeit. Das Alexander-Palais ist erstarrt in Trauer. ... Es wird nur geflüstert, auf Zehenspitzen gegangen, wie in einem Hause, in dem ein Toter liegt. ... Säle, Gemächer und Korridore versinken im Halbdunkel, als wäre das ganze Schloß in Trauerflor gehüllt. ...

Nur ein Saal ist hell erleuchtet – der Empfangssaal. Hier haben sich die Minister und Generäle zum Vortrag versammelt. Alle haben besorgte Gesichter. Sie warten schweigend und geduldig. Sie wissen, daß sie noch lange warten müssen: Im Arbeitszimmer des Zaren sind jetzt die Ärzte, die den Thronfolger behandeln.

„Ich will die Wahrheit wissen!"

Seine Stimme befiehlt, dabei aber zittert sie verräterisch und bricht plötzlich ab. ... Natürlich fürchtet er die Wahrheit, obgleich er sie fordert. Es genügt schon allein, ihm in die Augen zu sehen, in denen leise Hoffnung mit quälender Unruhe wechselt, seinen Mund zu sehen, um den es nervös zuckt – um sich davon zu überzeugen, daß er die verhängnisvolle Antwort der Ärzte fürchtet.

„Ich will die Wahrheit wissen!" Wie oft haben diese berühmten und bewährten Ärzte diese Worte aus dem Munde der Angehörigen ihrer Patienten gehört! Und noch nie hatten sie genügend Mut, einzugestehen. ... Auch jetzt fehlt ihnen die Entschlossenheit, der Mut. Selbstverständlich ist der Zustand des Thronfolgers ernst ... jedoch noch nicht hoffnungslos ... man muß abwarten ... abwarten ... .

Ihre beruhigenden Worte klingen falsch, nicht überzeugend. Sie wagen nicht ihre Köpfe zu heben und dem Zaren in die Augen zu schauen. Er hätte sonst die furchtbare Wahrheit auf ihren Gesichtern lesen können ... .

Das ist übrigens auch gar nicht mehr nötig: im Unterbewußtsein hat der Zar bereits alles erraten ... .

„Ich danke Ihnen … ."

Sich tief verneigend, verlassen die Ärzte das Gemach; der Zar sieht ihre Verbeugungen nicht mehr; er steht am Fenster und preßt seine heiße Stirn gegen die Scheiben.

Große herbstliche Regentropfen trommeln gegen das Glas. Das kalte Licht der elektrischen Laternen beleuchtet den nassen Kies der Alleen, der fast verschwindet unter dem roten Teppich der toten Blätter. Wild heult der Wind in den zerzausten Ästen der Bäume. Ein trauriges, herbstliches Bild … .

Der Zar aber sieht nichts … . Seine Gedanken sind im Krankenzimmer des Thronfolgers, an seinem Bett … .

Plötzlich zuckt er zusammen … horcht … . Sein Ohr hat seltsame Laute vernommen … . Was ist das? Das Geheul des herbstlichen Windes oder Grabesgesang? … Ja, ja – es wird gesungen! Jetzt hört er es schon ganz deutlich … . Der Kirchenchor singt … .

Der Zar läuft zum Schreibtisch und drückt auf den Knopf der elektrischen Klingel. Im Türrahmen erscheint der Adjutant: „Ich habe eben Kirchengesang gehört!"

„Majestät, in der Schloßkapelle wird für die Gesundheit des Thronfolgers gebetet – – – "

Im grauen Qualm der Lichter und des Weihrauches die Silhouetten der Betenden. Alle Bewohner des Schlosses und viele Einwohner Zarskoje Selos sind anwesend. Ihre Gebete vereinigen sich mit dem erhebenden Gesang des Chores. Seitlich, vor dem Bilde der Mutter Gottes, die dem Bilde der Mutter Gottes, die den Christusknaben im Arm hält, kniet die alte Wärterin des Thronfolgers – Frau Wischnjakowa. Ihre alten, zitternden Hände sind zum Heiligenbild erhoben, ihre Lippen murmeln: „Laß ein Wunder geschehen … nur noch einmal … zum letzten Male! … Errette ihn! … Laß ein Wunder geschehen! … "

Diese Bitte wiederholt zu selben Zeit die Zarin vor dem Bilde des Heilandes, das in einer Ecke des Krankenzimmers hängt: „Errette ihn! Laß ein Wunder geschehen!"

Das Schicksal ihres Sohnes entscheidet sich eben. Nur noch von Gott kann sie Hilfe erhoffen. Die Ärzte können den armen Märtyrer nicht mehr retten – die Zarin weiß es … . Sie hat dies in des Zaren Gesicht gelesen, als er, nach der Besprechung mit den Ärzten, ins Zimmer des Sohnes kam. Er hatte ihr nichts gesagt, kein Wort … . Er hatte sich nur neben sie auf dem Bettrand gesetzt, ihren Kopf an seine Brust gelegt und zart ihre Hand gestreichelt, die kraftlos auf der Bettdecke lag. Diese traurige Liebkosung sagte ihr alles, was der Zar nicht zu sagen wagte: „Nimm dich zusammen … der kritische Augenblick nähert sich … man muß auf alles gefaßt sein! …"

Und dann raffte sie noch einmal ihre letzten Kräfte zusammen, lief zum Heiligenbild und fiel vor ihm auf die Knie nieder, wie ein Vogel mit gebrochenen Flügeln … und ein Gebet entrang sich ihrer stöhnenden Brust: „Errette ihn! … Laß ein Wunder geschehen! …"

„Ja … nur ein Wunder kann ihn erretten … . Doch heute geschehen keine Wunder mehr. … Der Zustand des Kranken ist hoffnungslos! Er kann noch höchstens ein, zwei Tage leben – – – "

Das sagen eben im Empfangszimmer die Ärzte den sie umgebenden Ministern und Generälen, und ihre Worte durchrasen das Schloß wie ein elektrischer Funke und dringen in alle Herzen. Der eisige Hauch des Todes weht durch die Gemächer des Schlosses – schon hört man seine unerbittlichen Schritte. …

Im halbdunklen Schlafzimmer des Thronfolgers, das die ewigen Lichter vor den Heiligenbildern nur schwach erhellen, stehen Zar und Zarin über das Bett des Sohnes geneigt … .

Bebend lauschen sie den ersterbenden Worten des Kleinen: Er spricht so leise, daß sie kaum hören können, was er sagt, sondern es eher mit dem Herzen erraten.

„Wenn ich sterbe, verteilt mein Spielzeug an die Jungen, die mit mir gespielt haben ... an Kolja Derevenko ... an den Sohn des Gärtners ... ihnen hat mein Spielzeug immer so gut gefallen ... ."

Das bescheidene Testament des kleinen Märtyrers ... . Doch er kann nicht mehr sprechen – ist müde ... . Hat die Augen geschlossen. Ist eingeschlafen, oder – –

Die Zarin hebt den Kopf, sieht mit irren Augen um sich, die voller Tränen sind, als wollte sie fragen: schläft er, oder – – oder – –?? Plötzlich schreit sie dumpf auf und macht eine Bewegung mit den Händen, als wollte sie eine sich nahende Erscheinung bannen. ... Ja, ja, sie sieht, daß sich dem Bett ihres Sohnes lautlos irgendein Schatten nähert. ... Im Halbdunkel des Schlafzimmers erscheint diese schwarze Silhouette einer Frau, wie ein Gespenst. ... Der Tod?!

„Beruhige dich ... beruhige dich ...", flüstert der Zar sanft und umfaßt der Zarin Schultern, um sie zu stützen. „Weshalb erschrickst du? Das ist doch nur ‚Stana'!"

Ja, „Stana" – die Großfürstin Anastasia Nikolajewna ... . Jetzt hat auch die Zarin sie erkannt ... . Wie leise und unbemerkt sie hereingekommen ist! Das hätte auch einen Menschen mit stärkeren Nerven erschrecken können.

Stana ist verwirrt und stammelt eine Entschuldigung. Sie hätte nicht gewagt, ohne Erlaubnis hier einzudringen, die Lakaien hatten sich aber geweigert, sie der Zarin zu melden, sie müßte aber sofort mit ihr sprechen ... ihr sagen, daß sie nicht klagen und weinen dürfe: Aljescha würde leben und gesund werden!

Der Zar und die Zarin sehen sie wie betäubt an, voller Zweifel. Ihre verzweifelten Blicke fragen: Was bedeutet das?

„Aljescha wird leben und gesund sein!" wiederholt Stana

feierlich. „Das hat gestern abend der heilige Mann geweissagt, und ihr müßt dieser Prophezeiung glauben!"

Sie erzählt voller Hast: dieser heilige Mann ist Rasputin. Er hat schon viele Wunder getan ... . Viele Mütter verdanken ihm die Rettung ihrer Kinder. Das ist ein ungewöhnlicher Mensch – einen solchen Menschen hat es noch nie gegeben! Ein Abgesandter Gottes – ein Prophet – ein Apostel. Die Bischöfe Warnawa und Hermogen können dies bestätigen. Gestern war er zum Empfang bei der Großfürstin Militza Nikolajewna. Er sah, daß alle besorgte Mienen machten, erfuhr, daß der Thronfolger gefährlich krank sei und sagte: „Teilt der Zarin mit, daß sie nicht verzweifeln und weinen solle: ich werde den Buben gesund machen. Er wird wieder frische Backen bekommen, wie unsere sibirischen Äpfel sie haben, und er wird wachsen und gedeihen und ein guter Soldat werden!"

Wenn du den Retter erwartest, hältst du den Schlag deines Herzens für das Geräusch seiner Schritte ... Stanas Worte entfachten wieder den schwachen Funken Hoffnung im Herzen der Zarin. Das ist es, das Wunder, um das sie Gott angefleht hatte! Wo aber ist er, der Retter ihres Sohnes?

Stana verspricht, ihn morgen zu bringen. Nein, nicht morgen, sondern heute, sofort! Jede Minute ist teuer!

Gut, sie werde ihn holen. Schneller! Um Gottes willen, schneller! Und noch etwas: Stana möge ihn durch das geheime Gartenpförtchen führen. Hier sind die Schlüssel. Es ist nicht nötig, daß ihn jemand hier sieht. Schneller aber! Schneller!

Stana geht. Und die Zarin lächelt wieder, nach diesen furchtbaren drei Tagen lächelt sie zum erstenmal. Ein schwaches, rührendes, unirdisches Lächeln.

„Liebe, gute Stana! Ich werde es dir nie vergessen – "

Qualvolle Erwartung. Schon drei ganze Stunden sind vergangen, seitdem Stana wegfuhr. Weshalb kommt sie nicht wieder? Und wo bleibt denn er, dieser Retter in der Not? Der

Zar ist nervös. Hat ganz vergessen, daß schon seit zehn Uhr abends die Minister und Generäle mit wichtigen Berichten warten. Jetzt, wo es sich um das Leben des Sohnes handelt, kann er nicht an sie denken! Wo bleibt Stana? Der Zar befiehlt dem Adjutanten, bei ihr im Palais telephonisch anzufragen. Man antwortet ihm, daß die Großfürstin am Abend das Palais verlassen habe und noch nicht zurückgekehrt sei. Wo ist sie denn? Wo?

Die Zarin ringt verzweifelt die Hände. Der schwache Hoffnungsfunke in ihrem Herzen ist wieder erloschen. Die Rettung kommt nicht! Die Aufregung der Zarin überträgt sich auch auf den Zaren. Er hat den Kopf verloren. Weiß nicht, was er unternehmen soll. Ruft den Adjutanten.

„Die Großfürstin Anastasia Nikolajewna muß gesucht werden! Telephonieren Sie – lassen Sie überall suchen und nachforschen – – "

Und wieder läuten die Telephone. Die Portiers und die Lakaien der großfürstlichen Palais werden aus dem Schlaf gerissen. Doch überall nur die eine Antwort: „Die Großfürstin ist nicht hier ... "

Sie wird gesucht ... gesucht ... . Und währenddessen sucht die Großfürstin ihrerseits Rasputin. Sie hat ihn zu Hause nicht angetroffen. Er ist fortgefahren. Wohin? Niemand weiß es. Ob er allein gefahren sei? Nein, mit Keschka, seinem alten sibirischen Freunde, dem entlaufenen Sträfling, der Rasputin in der Winternacht, als die Bauern ihn ertränken wollten, das Leben gerettet hatte.

Rasputin hatte diesen Freundschaftsdienst nicht vergessen und Keschka nach Petersburg kommen lassen ... .

Wo könnte man sie aber suchen? Die Großfürstin kommt ganz aufgelöst aus dem Hause und will wieder ihr Auto besteigen. Der Portier des Hauses, der sie hinausgeleitet hat, flüstert ihr geheimnisvoll zu: „In irgendeiner Kneipe, wenn er mit Keschka zusammen ist – – "

Rasputin mit zwei Offizieren

Der Uhrzeiger nähert sich der fünften Stunde. Das Warten wird unerträglich. Der Zar geht erregt im Schlafzimmer auf und ab. Die Zarin sitzt auf dem Bettrande und sieht gespannt in des Sohnes Gesicht. Das Gesicht ist wie das eines Toten. Die geschlossenen Augen sind tief eingefallen, die Nase ist spitz, der Atem ist kaum zu hören … .

Irgendwo schlägt die Uhr heiser sechs. Ein trüber, grauer Herbsttag dämmert herauf … . Der Retter wird nicht kommen! Jetzt besteht kein Zweifel mehr … . Vielleicht morgen? Morgen wird es vielleicht schon zu spät sein … .

Der Zarin Haupt senkt sich tief auf die Brust. Schluchzen durchzittert ihren gequälten Leib. Der Zar nähert sich ihr und streicht zart über ihr Haar. „Beruhige dich, mein Sonnenschein ... weine nicht ..."

Er setzt sich neben sie, umschlingt ihre Schultern und weint mit ihr. Nicht Zar und Zarin sind diese beiden mehr – sondern tieftraurige, vom Schmerz zermürbte Eltern.

„Na, grüß Gott!"

Beide fahren bei diesen Worten vor Schreck zusammen. Erheben die Köpfe. Sehen auf der Schwelle eine seltsame Gestalt: Ein Gesicht, von einem starken Bart umrahmt ... einen bäuerischen Kaftan ... einfache Stiefel ... Er?! Ist das er, der langersehnte Retter?!

Ja, das ist er. Hinter seinem Rücken Stanas triumphierendes Gesicht. Sie hat ihn endlich gefunden. Hat ihn hergebracht.

„Na, grüß Gott!"

Er betritt das Schlafgemach des Thronfolgers so ungeniert, als käme er in seine Hütte. ... Er lächelt und zeigt dabei seine blitzenden Zähne. Der Zar und die Zarin können sich noch immer nicht beruhigen, so überrascht und erstaunt sind sie.

„Na, grüß Gott!"

Rasputin umarmt den Zaren und küßt ihn dreimal auf die Wangen, küßt ihn so ungeniert, als wäre der Zar sein Stammesbruder. Ebenso küßt er dreimal die Zarin.

„Und wo ist der Kleine?"

Er sieht sich im Zimmer um, erkennt das tief in den Kissen versinkende wächserne Gesicht des Thronfolgers und sagt:

„Er schläft? Schadet nichts – werden ihn aufwecken ... wird noch genügend schlafen können ... ."

Er beugt sich über den Thronfolger und schlägt das Kreuz über ihn. Der Zar und die Zarin beobachten ihn mit abergläubischer Furcht. Sie sehen, wie Rasputin die Bettdecke zur Seite wirft und mit der Hand über den Körper des Kindes zu streichen beginnt – vom Kopf bis zu den Füßen.

„Aljescha, hörst du mich?" fragt er dumpf. „Hörst du? Wach auf, sag ich dir … ."

Der Knabe öffnet langsam die Augen. Sieht das sich über ihn neigende, bleiche Gesicht mit dem großen Bart … . Fühlt auf seinem Gesicht den schweren, heißen Atem … . Er kann seine Blicke von den riesigen grünen Augen des Unbekannten nicht lösen, die zu gleicher Zeit lächeln und befehlen … .

„Sieh mal, Aljeschenka, nun bist du erwacht", spricht aufmunternd und zärtlich der Unbekannte. „Und nun willst du auch nicht mehr schlafen, nicht wahr?"

In den Augen des Kindes leuchtet es auf. Es will etwas sagen, ist aber noch zu schwach dazu … kann nur lächeln … .

„Nun, steh … und Schmerzen wirst du auch keine mehr haben. …", fährt Rasputin fort und seine Stimme klingt weich und zärtlich. „Gleich werde ich deine Krankheit fortnehmen … sie wird gar nicht mehr da sein …"

Er wiederholt das Streichen.

„So, nun schmerzt gar nichts mehr … . Sag, schmerzt nichts mehr?"

„Ja, es schmerzt nichts mehr …", murmelt kaum hörbar, mit einem glücklichen Lächeln der Thronfolger.

Der Zar und die Zarin sind vor Verwunderung wie gelähmt. Stana flüstert aufgeregt und triumphierend: „Ich habe recht behalten, ich habe recht behalten." Aber der Zar und die Zarin hören nicht auf sie. Sie sind von dem sich vor ihren Augen vollziehenden Wunder tief erschüttert.

Rasputin setzt sich auf den Bettrand – dorthin, wo noch eben die Zarin gesessen hatte – und zwinkert dem Knaben freundschaftlich und schlau zu:

„Nun, jetzt wirst du wieder ganz gesund sein, Aljeschenka! Ganz gesund! Probier's mal, heb dich auf. …"

Ein Wunder! Ein Wunder! Der Knabe, der alle diese Tage unbeweglich, wie ein Toter, dagelegen und bei der geringsten Bewegung vor Schmerzen gestöhnt hatte, setzt sich ohne

Schwierigkeiten im Bett auf und streckt mit einem glücklichen Lachen Rasputin die Hände entgegen.

„Das ist brav, Aljeschenka! Morgen wirst du schon ganz gesund sein … . Dann spielen wir beide miteinander Soldaten, wenn du Lust dazu hast. … Ich kann dich so lustige Spiele lehren – – "

Und wieder zwinkert er dem Kinde wie einem alten Freunde vergnügt zu und flüstert ihm ins Ohr: „Und Märchen werde ich dir erzählen, schöne Märchen, sibirische. … Es sind lustige darunter, und grausige – – "

Der Knabe klatscht vergnügt in die Hände. Ja, ja, er liebt Märchen sehr! Die freudige Erregung hat seine Wangen wieder gerötet. Seine blauen Augen glänzen wie Sterne.

Anna Wyrubowa, die Hofdame, die zwischen der Zarin und Rasputin vermittelte

Und ein Liedchen werde ich dir vorsingen, auch eins von unseren sibirischen. Ein schönes Liedchen! Es fängt so an – – "

Und leise beginnt er zu singen, und der Knabe lauscht, begeistert und entzückt.

„Ein Wunder! Ein Wunder!" flüstert die Zarin, zitternd vor Erregung. Der Zar ist so bewegt, daß er kein Wort sprechen kann. Stanas Augen leuchten in überirdischem Glanz. ...

„So, nun ist es für heute genug, Aljeschenka", sagt Rasputin mit liebevoller Strenge. „Jetzt wirst du schlafen, und morgen komme ich wieder zu dir."

Über das Gesicht des Knaben huscht ein Schatten. Es tut ihm leid, sich von diesem neuen Freunde trennen zu müssen ... . Aber er fürchtet sich davor, ihn zu erzürnen.

„Du kommst morgen? Ganz bestimmt?"

„Ich komme, ich komme ... . Schlaf. Und Gott behüte dich!" ...

Er macht das Zeichen des Kreuzes. „Schlafe!"

Im Palais ist es wieder lebendig geworden. Freudig erregte Stimmen rufen einander zu: „Es ist ein Wunder geschehen! Ein Wunder!" Die Ärzte, die die ganze Nacht hindurch in einem der Salons gewacht haben, sehen einander hilflos an: „Ja ... das ist ein Wunder ... ein Wunder ..."

Die Zarin liegt vor dem Bett des Thronfolgers auf den Knien – bedeckt das Gesicht des Sohnes mit heißen Küssen. Der Kleine hält den Hals der Mutter umschlungen, zieht ihr Gesicht dicht zu sich heran und fragt flüsternd: „Mama, wer ist – dieser Mensch?"

„Das ist kein Mensch, Aljeschenka das ist ein Heiliger ... Gott selbst hat ihn uns hierhergesandt, um dich zu retten und zu beschützen", antwortet sie feierlich.

Unterdessen verabschiedet sich Rasputin vom Zaren an der Tür des Schlafzimmers. Wieder küßt er ihn dreimal auf die Wangen – laut und kräftig, nach Bauernart. – Er sagt, indem er ihn mit seinen grünen Augen streng und durchbohrend anblickt: „Glaube an die Kraft meines Gebetes, und dein Sohn wird leben und gesund sein … . Glaube – – – !"

Heute, beim Morgengrauen, ist am trüben Petersburger Himmel ein alles überstrahlender Stern aufgegangen: Rasputin, der Heilige und Wundertäter … .

„Freund" Rasputin

In den Hofkreisen herrscht allgemeine Erregung: der Einfluß Rasputins auf den Zaren und die Zarin nimmt von Tag zu Tag zu und gibt bereits zu Besorgnissen Anlaß. Seit dem trüben Herbstmorgen, als Rasputin zum erstenmal die Schwelle des Alexander-Palais überschritt, sind bereits Monate vergangen, und jetzt ist er der Abgott der Zarenfamilie. Für alle ist es ein Festtag, wenn er erscheint. „Der Freund ist gekommen! Der Freund ist da!" – so wird er freudig begrüßt.

„Freund", „Unser Freund" – so nennt ihn die kaiserliche Familie. Er, seinerseits, nennt den Zaren „Papa", die Zarin „Mama", und die kaiserlichen Kinder – „Meine Kleinen". Er fühlt sich in ihrer Mitte wie in der eigenen Familie, betritt jedes beliebige Zimmer im Palais – ohne Anmeldung, zu jeder Zeit. Er ist hier wie zu Hause. Ihn geniert niemand und nichts. Jeder ist an diesem Hof verpflichtet, sich der herrschenden Etikette streng unterzuordnen, nur Rasputin – der „Gottesmann", nicht ... .

„Gottesmann!" Das klingt wie Spott, wie Lästerung. Ganz Petersburg spricht bereits von den Orgien und Gelagen des „Gottesmannes", seine Ausschreitungen im trunkenen Zustande bilden das Hauptthema der „Chronique scandaleuse". Auch im Alexander-Palais wissen alle davon, angefangen vom Minister des kaiserlichen Hofes bis hinunter zu den Hoflakaien. Nur der Zar und die Zarin wollen nichts hören, wollen an nichts von alledem glauben. Nach wie vor umstrahlt ihn der Nimbus der Heiligkeit, und wie geblendet sind sie von diesem Glanz ... .

Wie war es nur möglich und wie konnte es dazu kommen, daß sie, in deren Händen das Schicksal und Leben von 200

Millionen Menschen lag – selbst zu gehorsamen Sklaven dieses einfachen Bauern, zu kläglichen Marionetten in seinen geschickten Fingern wurden? Warum? Das war schon lange kein Geheimnis mehr – darüber wurde bereits erregt und voller Entrüstung, mit Besorgnis und Trauer in allen Salons gesprochen, in den Redaktionen der Zeitungen, in den Klubs, an den Teetischen, auf den Straßen überall: die Zarin ist von Rasputin hypnotisiert, von ihm behext. Er flößte ihr den festen Glauben daran ein, daß Gott selbst ihn gesandt hätte, um nicht nur allein ihren Sohn, sondern auch die Dynastie und den Thron zu schützen und zu retten. „Solange ich bei euch sein werde, wird nichts Böses geschehen", spricht er, und die Zarin glaubt ihm blind und küßt in heißaufwallendem Gefühl der Dankbarkeit seine rauhe Hand ehrfurchtsvoll, als küsse sie die Hand eines Heiligen … . Ihren leidenschaftlichen Glauben überträgt sie auf den Zaren, und auch dieser ist jetzt davon überzeugt, daß Rasputin ein Abgesandter Gottes ist und eine göttliche Mission erfüllt, daß er eine Brücke aufrichtet zwischen dem Zaren und seinem Volk. Nur der einfache Bauer, der Mann aus dem Volke, kann dieses Band zwischen Zar und Volk schaffen und festigen.

Die im Empfangsraum versammelten und auf eine Audienz beim Zaren wartenden Minister, Generale und Hofschranzen flüstern besorgt und erregt, und der Name Rasputin wird wieder und immer wieder in allen Ecken des Saales genannt. Er ist eben im Arbeitszimmer des Zaren – dieser böse Genius – und daher müssen jetzt alle solange warten. Was für teuflische Pläne wird er dem Zaren jetzt wieder zuflüstern, dieser neue Ratgeber, der sich eines größeren Vertrauens erfreut, als selbst die Minister? In letzter Zeit hat dieser Abenteurer seine schmutzigen Hände auch schon in der Politik gehabt und die Lage beginnt gefährlich, ja schon drohend zu werden. Wenn er nicht sofort schadlos gemacht wird. – –

Leicht gesagt – „schadlos"! Doch wie? Und wodurch? Es hatten sich bereits Unerschrockene gefunden, die den Versuch gemacht hatten, Rasputins Maske der Heiligkeit zu lüften, ihn zu überführen und dem Zaren und der Zarin sein wahres Gesicht zu zeigen – diese abstoßende Fratze eines Trunkenboldes und Wüstlings. Sie hatten der Zarin ein untrügliches Dokument gesandt: ein Photo, das man von Rasputin, diesem „Gottesmann", im Geheimen, während einer der üblichen Orgien gemacht hatte – in dem Augenblick, als er, betrunken, mit zerzausten Haaren und weit geöffnetem Hemd mit einer halbbekleideten Zigeunerin aus dem Zigeunerchor wüste Tänze vollführte. Und hatte dieser Versuch, den „Heiligen" zu überführen, Erfolg? Überhaupt keinen. Die Zarin rief empört: „Das ist Heiligenschändung – den Gottesmann so zu verleumden! Unsere Feinde haben da irgend jemand geschminkt und verkleidet, um ihn Grigorij Efimovitsch ähnlich zu machen ...", – und befahl dem Chef der Geheimpolizei, sofort die an dieser „empörenden Fopperei" Schuldigen zu suchen und streng zu bestrafen .... Die Zarin konnte sich lange nicht beruhigen und entschloß sich, Rasputin für die unverschuldete Kränkung zu belohnen: sie begann, für ihn ein herrliches, seidenes Hemd zu sticken.

Das war das Los des ersten Versuchs der Wagehalsigen.

„Rasputin wird auch anwesend sein ... ." Diese paar Worte, in einem Einladungsschreiben oder per Telephon durchgesagt, genügten, um die Empfänger der Briefe oder des Telephonanrufes zu veranlassen, freudig und dankbar zu antworten: „Vielen Dank für die liebenswürdige Einladung ... selbstverständlich, selbstverständlich werden wir kommen ... ."

„Rasputin wird auch anwesend sein ... ." Rasputin! Der Mensch, von dem nicht nur allein ganz Petersburg spricht – nein, ganz Rußland! Nicht nur Mensch – – nein,

Übermensch, Halbgott, „Zar über dem Zaren", wie er bereits genannt wird.

Rasputin wird von allen in „edlem" Wettstreit gebeten, sie mit seinem Besuch zu beehren. Die Damen der höchsten Gesellschaftskreise, der Hocharistokratie, kämpfen um die Ehre, ihn als ihren Gast begrüßen zu können, weil seine Anwesenheit ihnen für den Erfolg des Abends bürgt. Jedoch Rasputin, verwöhnt durch diesen Erfolg und im vollen Bewußtsein seines eigenen Wertes, reagiert jetzt nur noch ungern auf derartige Einladungen. Diese höchsten Gesellschaftskreise langweilen ihn. Er weiß schon im voraus, was ihn dort erwartet: verzückte Blicke und verliebte Seufzer von Frauen, gewandte und beharrliche Attacken von Männern – einer Bande dunkler Geschäftemacher, die seine Protektion brauchen ... . Alles das ist schon so oft gewesen und ihm zum Sterben überdrüssig!

Etwas ganz anderes ist doch – ein Separé in der Villa Rhodé, dem eleganten Restaurant außerhalb von Petersburg. Hier fühlt sich Rasputin wie ein Fisch im Wasser. Auch sind wirkliche Frauen dort – Frauen, wie sie Rasputin liebt ... . Allein die Zigeunerin Mascha, ein Chormädel – ist Rasputin teurer, als alle Damen der Petersburger höchsten Gesellschaft zusammengenommen! Das ist keine Frau, sondern ein Feuer! Ein Blick aus ihren schwarzen Augen macht trunkener als alle alten Weine zusammen, die man dem „Gottesmann" in den Salons vorsetzt; die Berührung ihrer Finger läßt das Blut aufwallen, ihre Lieder und Tänze bringen einen von Sinnen.

Mehr aber als alles regt Rasputin ihre Unnahbarkeit auf. Sie schenkt ihm nicht einmal einen Kuß! Einmal, als er sie gewaltsam küssen wollte, hat sie ihm mit einer schallenden und kräftigen Ohrfeige geantwortet, so daß der „Gottesmann" zu wanken begann, in eine Ecke flog und hinfiel wie ein Strohsack. ...

„Und wenn du es noch einmal wagen solltest, trommle ich dein Gesicht, als wäre es ein Tamburin!" schrie Mascha und blitzte ihn mit ihren schwarzen, funkelnden Augen an.

Rasputin war begeistert. Schon lange hatte man ihn nicht mehr geschlagen, und die Ohrfeige erweckte plötzlich Erinnerungen an Längstvergangenes – Erinnerungen an die Heimat, das Heimatsdorf … . Immer denkt man an Vergangenes mit Wehmut und Liebe zurück.

„Solch eine bist du!" murmelt Rasputin freudig erstaunt, indem er sich die gerötete Wange reibt.

„Ja, solch eine!" antwortete Mascha herausfordernd. „Deine Arme sind zu kurz; um mich zu umfangen. … Ich bin, mein Lieber, keine Dame der Gesellschaft."

Ja, natürlich, sie sieht diesen Frauen gar nicht ähnlich. Darin besteht ja auch ihr Reiz, das ist es ja auch, was sie Rasputin so anziehend macht.

Hunderte von Frauen dürsten förmlich nach seinen Liebkosungen, sind bereit, seine Sklavinnen zu werden, seine Fußspuren zu küssen – – Hunderte schöner, gebildeter und reicher Frauen! Und diese einfache Zigeunerin zeigt ihm ihre scharfen Zähne … zum erstenmal im Leben ist Rasputin einer solchen Frau begegnet!

Die Gäste der Baronesse Rosen erwarten heute Rasputin. Eine Unmenge Gäste. Eine sehr gemischte Gesellschaft: Damen der Gesellschaft und elegante Halbweltdamen, Minister im Dienst und Minister a. D., und Leute mit krimineller Vergangenheit, verdiente Würdenträger und gewandte Geschäftemacher … . Die Baronesse Rosen ist eine praktische Dame, und ihr Salon – einer der wenigen, dessen Gesellschaft sehr gemischt ist und wo die verschiedensten dunklen Geschäfte eingefädelt werden. Rasputin – ist der Magnet, dessen sich die Baronesse bedient, um die ihr wichtigen Persönlichkeiten zu veranlassen, ihren Salon zu besuchen. Sie weiß schon, womit und wie sie ihm gefällig sein kann: er liebt Geld, Weiber und Wein. Alles dieses findet er bei ihr. Das Geld geben die dunklen Geschäftemacher – und ein Teilchen dieses Geldes bleibt dann wohl auch an den entzückenden Fingerchen der Baronesse kleben – schöne Frauen – Damen der Halbwelt, kommen in Scharen angeflattert auf den ersten Ruf der Baronesse, und Wein – der von Rasputin so sehr geliebte Madeira – ist in den Weinkellern der Baronesse in so großen Mengen zu finden, daß der „Gottesmann" in ihm ertrinken könnte ... . Auch heute ist alles bereitgestellt, was Rasputins Herz und Leib erfreuen könnte! Wo bleibt er aber nur? Weshalb ist er noch immer nicht da?

Wenn der Lakai, dessen Pflicht es ist, jeden Besucher zu melden, an der Türschwelle zu den Gemächern erscheint, sind aller Augen in gespannter Aufmerksamkeit auf ihn gerichtet. Rasputin? Nein, nicht er – jemand anderes ... . Ist es vielleicht möglich, daß er heute überhaupt nicht mehr kommt?

„Das wäre ärgerlich!" flüstert in einer Saalecke ein Armeegroßlieferant seinem Geschäftsfreunde zu. „Morgen ist der letzte Termin, um das Angebot einzureichen ... . Ein anderer könnte den Austrag bekommen. ..."

„Seien Sie ganz ruhig! Für Geldgeschäfte hat er die feine Nase eines Jagdhundes."

„Und Sie glauben, daß ... man ihm einfach Geld anbieten kann, ohne ihn zu beleidigen?"

„Ihn beleidigen? Wissen Sie, was er dem Bankier Manus sagte, als dieser ihn das erstemal bestechen wollte? Manus machte dieses recht unentschlossen, ja zaghaft: Hier, Grigorij Efimowitsch, sind Dreißigtausend nehmen Sie das Geld es bleibt ganz unter uns – niemand wird jemals etwas davon erfahren ... . Und der Gottesmann lachte und antwortete: Gib mir lieber Hunderttausend und du kannst allen davon erzählen, es meinetwegen an allen Wegkreuzungen in die Welt hinausschreien."

Nicht nur allein im Salon der Baronesse Rosen wartet man auf Rasputin mit Ungeduld. Auch im Alexander-Palais wartet man auf ihn.

Er versprach, heute zu kommen, weil des kleinen Aljescha Ohren bereits seit zwei Tagen schmerzen. Wo ist er aber?

Schon einige Male hat man aus dem Alexander-Palais bei Rasputin in der Wohnung per Telephon angefragt, hat aber immer die Antwort erhalten, daß der Heilige Vater in die Kirche gefahren sei, um zu beten, und noch nicht zurückgekommen wäre. In welche Kirche? – Es sind deren viele in Petersburg.

Jedoch nicht in der Kirche kann man ihn jetzt finden, sondern in einem Separé der Villa Rhodé. Dahin ist heute ganz unerwartet Rasputin gefahren. Ihn zog es zu Mascha.

Die Ohrfeige hat Rasputins Leidenschaft nicht abzukühlen vermocht, im Gegenteil, sie hat diese noch mehr erhitzt. Er wird den Widerstand dieses wilden Zigeunermädchens zu brechen wissen, er wird sie früher oder später doch noch bezwingen! Im Zweikampf der schwarzen und grünen Augen werden die grünen Sieger bleiben!

Bis zum Siege ist es aber noch lang. Der Krieg geht weiter. Ein lustiger Krieg, wobei nicht Blut fließt, sondern Sekt, nicht aus Gewehren geschossen wird, sondern Pfropfen knallen, nicht der Stahl der Säbel klingt, sondern die Saiten der Gitarre … .

Lauter singen die Saiten! Möge der Wein in Strömen fließen! Mögen die Tanzenden wie im Wirbelwind kreisen! Rasputin feiert heute! Hoch sollen sie leben, der Wein und die Liebe. – – –

Im blauen Tabaksqualm, zum Spiel der Gitarren und dem Klang der Pokale, die sich mit dem Gesang des Zigeunerchores vereinigen, tanzen Rasputin und Mascha. Bleich, mit brennenden, grünen Augen, schwer und heiß atmend, dreht sich

Rasputin im feurigen Tanz, und ihn umkreisend, so leicht, als berührten ihre Zehen kaum den Fußboden, wiegt sich Mascha. Auch sie ist bleich; ihre Augen brennen in dunkler Glut, und Schultern und Arme durchzittert ein Beben ... .

Der Zigeunerchor singt immer leiser und leiser – – es stöhnen die Saiten, über die die Finger immer langsamer gleiten, bis der Gesang allmählich erstirbt ... in der eingetretenen Stille tanzen Rasputin und Mascha weiter, stumm – – heiß und stoßweise geht ihr Atem ... .

In diesem Augenblick kommt der Sekretär Rasputins, Simanovitsch, ins Zimmer gelaufen. Er ist in Pelz und Pelzmütze. Seine Miene ist erregt und besorgt: „Hier also bist du? Und wir suchen dich in der ganzen Stadt!"

Rasputin runzelt unzufrieden die Stirn: „Na, was ist los? Was ist passiert?"

„Alexei ist krank. ... Du hast doch zu kommen versprochen. – Schon wiederholt ist aus dem Schloß angerufen worden. ..."

Rasputin beißt sich ärgerlich auf die Lippen. Minutenlanges Nachdenken. „Na, gut. Wo ist hier das Telephon?"

„Du mußt hinfahren und nicht telephonieren!"

„Mach, daß du fortkommst! Ich weiß, was ich tue. Wo ist hier das Telephon? Und du, Mascha, warte hier – ich komme gleich wieder."

Er geht ans Telephon:

„Das Alexander-Palais? Ruft Mama an den Apparat ... . Du, Mama? Was fehlt Aljescha? Sein Ohrchen schmerzt? Kann nicht einschlafen? Bring ihn mal an den Apparat – werde mit ihm sprechen ..."

Nach einer Minute:

„Bist du's, Aljeschenka? Nun, guten Tag. Dein Ohrchen, sagst du, schmerzt? Nein, es schmerzt nicht – – nichts schmerzt! Leg dich ins Bettchen, deck dich schön warm zu und schlaf ein. Dein Ohrchen wird nicht mehr schmerzen – hörst du? Wird nicht mehr schmerzen! Nun aber schlaf. Behüte dich Gott. Gute Nacht!"

Er kommt ins Separé zurück. „Nun, da bin ich wieder. Noch Wein! Und du, Mascha, sing mein Lieblingslied."

Nach einer Stunde erscheint der Sekretär Simanovitsch wieder im Zimmer. Wie zum erstenmal in Pelz und Pelzmütze. Doch der Ausdruck in seinem Gesicht ist jetzt ein anderer – freudiger, zufriedener. Er flüstert dem schon vollkommen betrunkenen Rasputin ins Ohr:

„Alles in schönster Ordnung. Die Zarin hat eben angerufen. Der Kleine klagt nicht mehr über Schmerzen und ist still eingeschlafen. Ich habe ihr gesagt, daß auch du schläfst. – – – "

Den Mund Rasputins umspielt ein trunkenes, triumphierendes Lächeln. ...

Er fängt allmählich an, gefährlich zu werden, dieser neue Diktator Rußlands, der „Zar über dem Zaren". Seine Macht wächst mit jedem Tag. Seine Zettelchen – ungrammatikalische Kritzeleien auf schmutzigen Papierflicken – haben jetzt mehr Gewicht als die Befehle der Minister, als selbst das Gesetz. Seine Befehle müssen sofort und anstandslos ausgeführt werden. „Ich werde Papa sagen, daß du meine Befehle nicht ausführst!" droht er den Ministern.

Er kompromittiert die Dynastie, beachtet weder die menschlichen, noch die göttlichen Gesetze, behandelt die Minister wie die Lakaien – ein derartiger Zustand darf nicht länger andauern! Es besteht die Gefahr eines Ausbruchs allgemeiner Unzufriedenheit, einer Revolution. Rasputin muß sofort vom Hofe entfernt und aus Petersburg ausgewiesen werden! Dieses fordert die Öffentlichkeit, darauf besteht die Duma (Parlament), darüber schreiben die Zeitungen. Der Skandal ist entfacht, wie ein Feuer, und man kann es nun auch nicht mehr löschen. Der Premierminister Kokowzeff trägt dieses dem Zaren vor. Der Zar hört ihn an.

„Gut. Ich werde mit Rasputin sprechen. Ich werde ihn bitten, auf einige Zeit zu verreisen … ."

Die Zarin widersetzt sich der Abreise Rasputins nicht. Ihr fällt es wohl sehr schwer, sich auch nur für einen Tag von ihm zu trennen, aber sie ist zu diesem Opfer bereit. Jedenfalls aber nicht, weil dieses die öffentliche Meinung fordert. Die Zarin fürchtet etwas anderes: sie weiß, daß Rasputin viele Neider und Feinde hat – – daß bereits Verschwörungen gegen ihn geplant werden und daß man ihm sogar das Leben nehmen will. Und um sein teures Leben zu erhalten, will sie sich von ihm trennen. Nach ein-zwei Monaten wird man ihn vergessen haben, die Leidenschaften werden sich legen und er wird wieder zurückkommen können … .

Und wieder ist Rasputin in seinem Heimatdorf. Das ist aber nicht mehr die Rückkehr eines Pilgers – wie einstmals –, sondern der Einzug eines Triumphators. Die Bauern, die ihn seinerzeit verprügelt hatten, empfangen ihn jetzt auf den Knien liegend mit Salz und Brot. Der Weg bis zu seinem Hause ist mit Teppichen bedeckt. Die Bevölkerung hatte ihn sogar mit Glockengeläute begrüßen wollen, jedoch verbot dieses der Ortsgeistliche, Vater Pjotr.

Er als einziger im Dorf ist Rasputins unversöhnlicher Feind geblieben, der alte, ehrliche Vater Pjotr. Dafür aber kriecht der Polizeiwachtmeister – derselbe, der damals Rasputin am Bart gerissen hatte –, aus der Haut vor Unterwürfigkeit, in der Hoffnung, von ihm wieder in Gnaden ausgenommen zu werden … Jedoch Rasputin ist nicht nachtragend und hat die alten Beleidigungen längst vergessen. Er ist großmütig. Er verzeiht nicht nur allein seinen früheren Feinden – er bewirtet sie sogar. Drei Tage und drei Nächte möge das Gelage dauern – Rasputin bezahlt alles!

Der Wein fließt in Strömen. Das ganze Dorf ist betrunken. Gesang. Musik. Tanz. Als jedoch die Ausgelassenheit ihren Höhepunkt erreicht hat, geschieht etwas, was die Herzen aller vor Grauen zum Stehen bringt: Rasputin stürzt plötzlich, von einem Messer durchbohrt, verwundet zu Boden. Eines seiner Opfer – Hionia Gussewa – hat ihre geschändete Frauenehre gerächt ... .

Den fast verbluteten Rasputin bringt man im Auto nach Tjumen ins Krankenhaus. Am nächsten Tage schon liest ganz Rußland lebhaft interessiert die Krankheitsberichte in den Zeitungen: „Rasputin in Fieberphantasien – Temperatur 39, – die Ärzte hoffen, daß der kräftige Organismus des Kranken – –"

Ein Bericht nach dem andern. Das ist im Augenblick das Interessanteste, was die Zeitungen zu berichten haben. Plötzlich jedoch – ganz plötzlich, bringen sie etwas ganz anderes, was aller Interesse von Rasputin ablenkt: das Manifest des Zaren über die Mobilisierung der gesamten Wehrmacht ... Krieg mit Deutschland und Österreich! ...

Schon donnern die Kanonen an der russisch-deutschen Grenze – – der Horizont ist dunkelrot vom Widerschein des Weltenbrandes. –

Rasputin liegt in einem Einzelzimmer des Krankenhauses. Er ist todbleich, die Augen sind geschlossen. Um sein Bett stehen die Ärzte und Schwestern.

Von der Straße her erschallt gedämpfter Gesang. Es sind die an den Fenstern vorüberziehenden, eben mobilisierten Soldaten. Rasputin öffnet die Augen, horcht: „Was ist das?"

„Mobilisierung ... . Krieg mit Deutschland ...", erklären die Ärzte.

„Krieg? Mit Deutschland? Warum?"

„Rußland ist für die Serben eingetreten. Das ist seine Pflicht. Die Serben sind unsere slawischen Brüder ..."

Rasputin erhebt sich – so plötzlich, daß sich seine Verbände blutig färben. Er schreit – bleich, mit erstickender Stimme:

„Brüder?! Unsinn! Die Bulgaren sind auch unsere slawischen Brüder. Erinnert euch einmal, wie sie Rußland dafür gedankt haben, daß es ihnen im Krieg gegen die Türken geholfen hatte! Brüder! Es gibt sehr verschiedene Brüder! Kain war auch der Bruder Abels – – "

„Beruhigen Sie sich – legen Sie sich wieder hin", sagen begütigend die Ärzte. Er jedoch weigert sich. Er verlangt nach Tinte und Feder. Er wird sofort dem Zaren ein Telegramm senden – wird fordern, daß der Zar die Mobilisierung abändert. „Tinte und Papier her – aber schnellstens – – !"

Die Arzte blicken einander unschlüssig an: er phantasiert? Ein Telegramm an den Zaren?! – – Abänderung der Mobilisierung?! – – Wahnsinn!

Rasputin besteht jedoch darauf, und die Ärzte wagen nicht zu widersprechen. Da ist Papier und Tinte! Rasputin schreibt mit zitternden Fingern:

„Petersburg. An den Zaren. Zieh nicht das Schwert. Vergieß nicht unnütz russisches Blut. Ändere sofort die Mobilisierung ab – – ich beschwöre dich bei Gott! Rußland wird in diesem Krieg untergehen. – Grigorij."

„Sofort absenden!" befiehlt er mit ersterbender Stimme. Die Feder entgleitet seinen Fingern und er verliert das Bewußtsein. Die Erschütterung war zu stark.

Während die Schwestern seinen Kopf in die Kissen betten, lesen die Ärzte, bestürzt, erschreckt, noch einmal den Text des Telegramms. Selbstverständlich können sie sich nicht entschließen, es abzusenden. – Fieberphantasien eines Schwerkranken!

Einer der Ärzte zerreißt das Telegramm in kleine Fetzen und wirft diese aus dem Fenster. Noch immer ziehen die mobilisierten Soldaten vorüber. Singende Menschen, die dem

Tode entgegengehen. Sie singen, doch nicht fröhlich klingt ihr Chor … .

Die aus dem Fenster flatternden Papierfetzen des Telegramms wirbeln im Winde und fallen auf den staubigen Erdboden.

Und Satan feiert Feste

Schon zwei Jahre währt der Krieg, zwei schreckliche Jahre. Rußland verblutet, kämpft aber immer noch, obschon sich die Lage mit jedem Tage verschlechtert, obschon Hoffnungen auf einen Sieg dahinschmelzen wie Schnee in der Sonne. Von der Front kommen traurige Nachrichten: eine Niederlage nach der anderen. Die Soldaten hungern, sind barfuß, zerlumpt und waffenlos, einige Regimenter sind sogar ohne Gewehre, die Soldaten müssen mit Stöcken die Attacken der Feinde abwehren. Es fehlt an Kanonen und Munition, in den Schützengräben nimmt die Disziplin von Tag zu Tag ab. Die Offiziere und Soldaten sprechen schon laut von Übergabe und Verrat, sie nennen sogar die Namen der Schuldigen ... .

Unruhe auch in der Etappe: In den Städten Streiks, in den Dörfern Aufruhr. Über Rußland ballen sich die Unglück verheißenden Wolken der Revolution zusammen. Das Gewitter naht und wird sich bald entladen. Und nur die Gesellschaft von Petersburg – jetzt Petrograd – merkt das nicht, fühlt es nicht. Das Petersburg der oberen Zehntausend amüsiert sich, tummelt sich im Wirbel eines ununterbrochenen Festes. Karneval während eines Leichenbegängnisses. Tanz auf dem Vulkan.

Mehr als alle anderen amüsiert sich Rasputin. Seine Gelage gleichen Orgien, Bacchanalen. Geld hat er jetzt in hellen Haufen – von allen Seiten trägt man es ihm zu: Bankiers, Spekulanten, Großlieferanten, Geschäftemacher geben ihm „Kommissionsgelder" für seine Protektion.

... dieser bärtige Don Juan, dieser sibirische Casanova besitzt jetzt alles, was sich eines Menschen Herz wünschen kann. Und er feiert seine Triumphe ... .

Seine Feinde – und deren gibt es jetzt viele – sind unzufrieden und fordern seine Verbannung aus Petersburg. Jetzt sind sie jedoch ihm nicht mehr gefährlich. Er wird diesen Unzufriedenen schon die Mäuler stopfen: „Papa" wird alles tun, was er befiehlt! In der Duma (Parlament) ist eine Interpellation über Rasputin eingebracht worden. Er wird der Dämon des Zaren und Rußlands genannt. Es wird darauf hingewiesen, daß er die Dynastie kompromittiert und das Land in den Abgrund der Revolution hinabstößt. Rasputin antwortet darauf mit verächtlichem Gelächter: ihn können diese Parlamentsinterpellationen nicht beunruhigen – er spuckt auf sie! Er bereitet sogar eine Gegendemonstration vor: Er will zum Zaren ins Hauptquartier fahren – er wird sein militärischer Berater werden … . Der Höchstkommandierende der russischen Armee – Großfürst Nikolai Nikolajewitsch, einer der Feinde Rasputins – hört von dieser Absicht und sendet ihm ein Telegramm: „Wenn du es wagen solltest zu kommen, werde ich dich öffentlich auspeitschen lassen und dich zurückschicken. …"

Ganz Rußland lacht schadenfroh, als es von diesem Telegramm hört: – – so muß man mit diesem Landstreicher umgehen! Alle lachen – außer Rasputin und seine Anhänger. Bald werden auch sie an der Reihe sein und lachen können! „Wer zuletzt lacht, lacht am besten", sagt ein Sprichwort. Und tatsächlich lacht Rasputin als letzter: auf seinen Rat entsetzt der Zar den Großfürsten seines Postens als Höchstkommandierenden und stellt sich selbst an die Spitze der Armee … . Rasputin hat noch einmal gesiegt, hat noch einmal seine Macht bewiesen! –

Gorochovaja-Straße 64

Der Reisende, der zum ersten Male in Petrograd ist und morgens in die Nähe der Gorochovaja-Straße 64 käme, wäre sehr erstaunt, eine endlose Reihe von Automobilen, Equipagen und Kutschen und einen Menschenandrang an der Pforte dieses Hauses zu sehen. „Was geht hier vor?" würde er neugierig den Schutzmann, der vor dem Hause steht, fragen und folgende Antwort erhalten: „Nichts – hier wohnt Rasputin!"

Das übliche allmorgendliche Bild vor dem Hause Rasputins. Stellen wir uns für einige Augenblicke vor, wir wären der wißbegierige Reisende, wir nähern uns dem Hause, treten ein, gehen die Treppe hinauf und dringen in das Vorzimmer ein. Als ersten begegnen wir vor allem den Geheimpolizisten, die das kostbare Leben des „Gottesmannes" bewachen. Es sind ihrer hier sehr viele und man erkennt sie sofort an ihrer Art, einen Menschen anzusehen, „mit den Augen zu betasten", jeden, der das Haus betritt. „Wer ist das?" Sie fragen den Kutscher aus, der Sie hierher gefahren hat, den Chauffeur, den Passanten, den Sie eben im Vorübergehen gegrüßt haben. Sie müssen Ihren Namen feststellen und sich diesen notieren, weil sie nicht bloß Leibwächter Rasputins sind, sondern auch im Auftrage des Innenministers diesem über jeden von Rasputin gemachten Schritt Bericht erstatten müssen, wer ihn besucht und wann er Besuche empfängt und wie lange sich dieser Besuch bei ihm aufhält … . Gehen wir weiter, drängen wir uns durch die Menge an der Eingangstür zum Haus und gehen wir die Treppe, die zu Rasputins Wohnung führt, hinauf. Auch hier eine Menge Menschen: das Vorzimmer kann gar nicht all die Leute fassen, die auf eine Audienz beim „Gottesmann" warten. Sie stehen und sitzen auf den Stufen und warten geduldig darauf, bis sie an der Reihe sind. Vorbei an ihnen! Vorbei! Da stellt sich auch schon ein Geheimpolizist Ihnen in den Weg und fragt Sie mit einem befangenen Lächeln: „Verzeihung – – Ihr Name?"

Er hält ein schmutziges Notizbuch in der Hand und einen Bleistift. Während er sich Notizen macht, versuchen Sie es, unbemerkt einen Blick hineinzuwerfen. Folgendes werden Sie dann lesen: „ ... kam um 2 Uhr 42 Minuten nachts nach Hause ... war so betrunken, daß der Chauffeur und der Hausmeister ihm dabei helfen mußten, die Treppe hinaufzugehen. ... Mit ihm kamen die Fürstinnen Schachovskoi und Dolgoruckij. Sie hatten ihn nur begleitet und fuhren sofort wieder weg. ... Um 3 Uhr 15 Minuten kam der „Nachtfalter" Tregubowa – sagte, daß er sie per Telephon bestellt hätte ... . Später holte er noch das Dienstmädchen aus der Wohnung Nr. 20, die Schneiderin Katja und die Frau des Portiers und tanzte mit ihnen bis zum Morgen ... Um 6 Uhr 20 Minuten morgens kam Maria Golowina – – "

Maria Golowina? Munja?! Nun ja, du reines, unschuldiges Mädchen, auch du bist hier? Mit was für einem Gift hat er deine keusche Mädchenseele vergiftet, welche Zauberei veranlaßt dich, auf den ersten Ruf zu ihm zu eilen, auf den ersten Pfiff, wie ein Hund – dich, die du so stolz und selbstbewußt warst?! Dich, Mädchen, das zu den aristokratischsten Familien Rußlands gehört? Dich, kluge, talentvolle, gebildete, von deinem Verlobten vergötterte Munja?! Wenn dein Verlobter dieses erfahren sollte, Munja – – denk mal nach, wenn dein Verlobter erfahren sollte – – !

„Läuten Sie, man wird Ihnen öffnen", sagt der Geheimpolizist, und seine Stimme reißt Sie aus ihren traurigen Gedanken.

Dunja, eine Frau, die Rasputin aus dem Dorf mitgebracht hat, öffnet die Tür. Sie ist sein Stubenmädchen, seine Köchin, seine Sekretärin, Ratgeberin. Von ihr hängt der Erfolg einer

Audienz ab. Alle Besucher müssen ihre Kontrolle passieren. Ihr farbloses Gesicht mit der flachen Nase, die kleinen schlauen und wilden Augen und die großen gelben Zähne, die an Knochendominosteine erinnern, geben ein groteskes Bild.

Sie haben Glück: sie erlaubt Ihnen zu bleiben. Nur warten werden Sie müssen: Grigorij Efimowitsch ist eben beschäftigt – er betet – man darf ihn nicht stören … . Warten Sie! Um aber keine Zeit zu verlieren, sehen Sie sich im Zimmer um. Oh, wie viele warten hier im Zimmer! Einige sitzen, die andern stehen, weil zu wenig Stühle im Zimmer sind. Und was für eine bunte Gesellschaft! Da sind Bauern mit Geschenken – Hühnern, Butter, Eiern. Einer hat sogar ein lebendiges Ferkel im Sack. Diese Bauern sind hierhergekommen, um mit eigenen Augen einen von den ihren zu sehen, von dem es heißt, daß er der Freund der Zarenfamilie und des Zaren Ratgeber geworden sei. Sie werden dieses nicht glauben, bevor sie sich nicht selbst davon überzeugt haben … . Neben den Bauern der gestickte Frack eines Hofmeisters: Dieser wird um die Protektion des „Gottesmannes" bitten. Daneben zwei sehr verdächtige Gesichter. Ihre Züge tragen den Stempel der Verworfenheit und des Verbrechens … . Dann der Fürst Andronnikoff – der Hofintrigant und Abenteurer großen Formats. Geheimnisvoll flüstert er mit einem Bankier, der vor kurzem auf Veranlassung Rasputins aus dem Zuchthause entlassen worden ist. Was für eine neue Affäre besprechen die beiden wieder? Auf einem Stuhl eine weißhaarige Dame in Trauer. Ein zerquältes blasses Gesicht, das einfache schwarze Kleid von der Sonne geblichen, ein alter unmoderner Hut, vom Regen durchnäßt … . Wohl eine arme Witwe aus der Provinz, die um eine Unterstützung nachkommt. Man sagt, daß Rasputin gern und viel gibt und immer den Armen hilft … . Neben ihr eine elegant gekleidete Dame. Pelz, Kleid von Wert, Brillanten … . Wieviel solcher Damen! Eifersüchtig und neidisch betrachten sie einander … . Nebenbuhlerinnen! ... Und weiter – – – Makler, Spekulanten, junge Leute in Uniform – unschwer zu erraten, weshalb diese hier sind: sie wollen sich von der Front drücken – in der Etappe untergebracht werden. Rasputin vermittelt auch solche Sachen!

Gedämpftes Summen wie in einem Bienenkorb. Man darf nicht laut sprechen: Grigorij Efimowitsch betet ... . Nur das Läuten des Telephons unterbricht die Stille.

„Hallo! Hallo! Ja, die Wohnung Grigorij Efimowitschs ... . Was wünschen Sie? Nein, nein, er ist nicht zu sprechen: er betet eben!"

Die Stimme von Rasputins Sekretär, Simanowitsch klingt wütend, ärgerlich. Wieder einmal ein netter Tag! Rufen schon seit frühmorgens an – einer nach dem andern. Keinen Augenblick Ruhe!

Das Arbeitszimmer betritt Dunja. Trägt Blumenkörbe – Orchideen. Simanowitsch lacht ironisch: „Noch Blumen?! Da stehen ja schon zwei Körbe ... Halten Sie Rasputin für eine Ballettänzerin? ... Und was haben Blumen schon für einen Wert? – Wertsachen – die sind schon viel interessanter! Der gestrige Tag war in dieser Hinsicht sehr gelungen."

Simanowitsch zieht die Schublade des Schreibtisches heraus und zeigt Dunja eine Kassette mit Wertsachen. So für fünfzigtausend sind hier drin!

Von neuem klingelt das Telephon. Simanowitsch nimmt gereizt den Hörer ab: „Hallo!!! Wer spricht?"

Und sofort ändert sich seine Stimme – wird sehr ehrfurchtsvoll: „Aus Zarskoje Selo? Hm ... Grigorij Efimowitsch betet eben. Ich wage es nicht, sein Gebet zu stören ... ich werde es bestellen."

In das Zimmer tritt der Bischof Warnawa. Er hört die letzten Worte Simanowitschs: „Aus Zarskoje Selo?"

„Ja, dem Thronfolger geht es wieder schlecht. In der Nacht haben wieder Blutungen begonnen. Die Zarin ist beunruhigt. Sie bittet Grigorij Efimowitsch, sofort zu kommen."

Warnawa nickt ironisch mit dem Kopf in der Richtung nach Rasputins Schlafzimmer: „Und er betet?"

In diesem Moment öffnet sich die Tür des Schlafzimmers, und auf der Schwelle erscheint Rasputin.

Er ist ärgerlich. Dieses verfluchte Telephongeklingel läßt ihn nicht schlafen.

„Schafft das Telephon von hier weg!" Simanowitsch trägt den Apparat in das Nebenzimmer.

Warnawa und Rasputin bleiben allein. Auf Rasputins Gesicht sind die Spuren einer stürmisch verbrachten Nacht zu erkennen. Warnawa schüttelt mißbilligend den Kopf: „Diese Saufgelage werden kein gutes Ende nehmen! Wo hast du diese Nacht verbracht?"

Rasputin lacht sorglos: „Wie immer – in der Villa Rhodé."

Begeistert erzählt er, wie lustig es dort war und wie schön der Zigeunerchor gesungen hätte ... Am meisten habe ihm das Lied gefallen: „Kutscher, treib deine Pferde nicht ..."Er summt die Melodie des Liedes vor sich hin und ahmt dabei die Art der Zigeuner zu singen nach.

Warnawa unterbricht ihn brüsk. Er wäre nicht hierhergekommen, um sich über Zigeunerlieder zu unterhalten. Er käme in einer sehr wichtigen Angelegenheit. –

„Jede Minute ist kostbar! Über deine Bummeleien spricht ganz Petersburg! Deine Feinde – – "

Rasputin lacht höhnisch. Er fürchtet niemand! Niemand! Er weiß sehr gut, daß er viele Feinde hat. Ihm sind die Komplotte, die gegen ihn geschmiedet werden, nur eine Belustigung. Aber in der Duma wäre eine Interpellation über ihn eingebracht worden ... alle Parteien hätten sich geeinigt ... seine Verbannung nach Sibirien wird gefordert ... .

Jetzt lacht Rasputin schon nicht mehr ... . Diese verfluchten Abgeordneten! ... Oh, er wird ihnen schon das Maul stopfen. Er wird von „Papa" verlangen, daß die Duma aufgelöst werde und daß die Abgeordneten als gemeine Soldaten an die Front geschickt werden. Er wird mit ihnen keine großen Geschichten machen, der Teufel möge sie holen!

Ja – – es kann sein – – aber Warnawa muß ihn auch vor anderen Gefahren warnen. Die Feinde werden auch vor einem Morde nicht zurückschrecken ...

Ein Mord?! Nun ... nein, ihm können sie nichts anhaben! Er wird bewacht wie der Zar – – sogar besser als der Zar! Der Minister des Innern haftet für seinen Kopf!

Der Minister des Innern?! Wenn die Sache schon zu solchen Intimitäten gekommen ist, wird Warnawa alles das erzählen, was er soeben, rein zufällig, erfahren hat: Gegen Rasputin ist eine Verschwörung im Ministerium des Innern selbst vorbereitet, und ... der Minister des Innern selbst steht an der Spitze!

Der Minister selbst!?! Chwostow?!! Nein, nein, das ist vollkommen unmöglich! Chwostow, den Rasputin selbst zum Minister gemacht hat?! Rasputin weigert sich entschieden, so einer Klatscherei Glauben zu schenken. Warnawa aber weiht Rasputin in alle Details der Verschwörung ein. Vor Wut besinnungslos, läuft Rasputin ins Nebenzimmer, man hört von dort seine Stimme. Krächzend und atemlos schreit er in den Apparat:

„Wo ist der Minister? Ja, ja, das bin ich – Rasputin! ... Er ist nicht da? Wer spricht mit mir? Der Sekretär? ... Bestellen Sie Chwostow, diesem dicken Schwein, daß ich ihn sehen will ... daß er sofort zu mir kommen soll!"

Rasputin kehrt in das Arbeitszimmer zurück, bebend vor Aufregung und Zorn. Kraftlos läßt er sich in einem Sessel nieder.

Er ist von dieser schreienden Undankbarkeit erschüttert. Wenn er, Rasputin, nicht gewesen wäre, was wäre heute Chwostow? Gar nichts! Er, Rasputin, hat seine Ernennung zum Minister durchgesetzt! Und als er ernannt war, hat er Rasputin angefleht, ihn mit seinen Ratschlägen zu unterstützen – – beim Zaren für ihn einzutreten – – Der Schuft! Der Lump!

Der Wutanfall wird von vollständigem Kräfteverlust abgelöst. Kleinlaut und niedergedrückt flüstert Rasputin: „Weshalb sind alle gegen mich? Weshalb?"

„Wegen deiner Stellung zum Kriege. Weil du vom Zaren verlangst, daß er mit den Deutschen Frieden schließt. Man nennt dich einen deutschen Spion ..."

„Ich spucke darauf! Und den Krieg muß man in der Tat beenden! Genug Blut ist vergossen worden! Auch der Deutsche ist unser Bruder! Alle sind wir Brüder! Das sage ich auch dem Zaren, er ist wohl bis jetzt anderer Meinung. – – Macht nichts, laß mir nur noch etwas Zeit, und – er wird schon nachgeben!"

Durch die offene Tür hört man das Klingeln des Telephons und die Stimme Simanowitschs, der sich auf den Anruf gemeldet hat.

Rasputin schreit: „Zum Teufel! Ich bin für niemand zu Hause!"

Simanowitsch kommt herein. Er ist sehr verlegen. Er meldet – man habe wieder aus Zarskoje Selo angerufen, der Thronfolger habe das Bewußtsein verloren. Man flehe ihn an, sofort zu kommen. – Minutenlanges Nachdenken. Gut, er wird hinfahren! Den Pelz – die Mütze!

Wieder läutet es an der Eingangstür. Chwostow, der Minister des Innern, ist gekommen. Warnawa will nicht Zeuge dieser Auseinandersetzung sein, er verabschiedet sich schnell und geht.

„Ruf Chwostow herein!" – Chwostow betritt das Zimmer.

Zwischen Chwostow und Rasputin beginnt eine stürmische Unterredung: Rasputin weiß alles! Alles! Man wolle ihn vergiften ... Chwostow selbst stünde an der Spitze der Verschwörung. Rasputin überschüttet Chwostow mit Schimpfwörtern und Drohungen: „Zermalmen werde ich dich wie eine giftige Schlange! So, mit dem Absatz! Ich habe dich gemacht, ich werde dich auch vernichten!"

Schloß Jussupow

Chwostow ist empört. Er geht von der Verteidigung zum Angriff über: „Ich bin immer noch Minister, und die Macht ist noch in meinen Händen! Sie werden heute noch unter der Anklage des Landesverrats verhaftet werden, als ... als deutscher Spion!"

„Ich?!? Ein Spion?!!" Rasputin versagt vor Wut der Atem ... Und plötzlich – mit einem Sprung – stürzt er sich auf den Minister, packt ihn am Kragen und wirft ihn zur Tür hinaus ...

Allein geblieben, fällt er, vollständig entkräftet und schwer atmend, in einen Sessel.

Dunja kommt ins Arbeitszimmer gestürzt. Sie sieht den nach Atem ringenden Rasputin.

„Wasser?"

„Nein, Wodka! Wodka her!" brüllt er heiser ... Sie bringt Wodka. Gierig trinkt er ein Glas, ein zweites ... Dann fragt Dunja: „Was soll man mit den Besuchern machen? Der ganze Flur ist voller Menschen."

„Zum Teufel! Alle zum Teufel schicken! Heute will ich niemand sehen! Niemand! Setz dich, Dunja, hierher, neben mich ... Du bist der einzige Mensch, dem ich traue, meine Gute, meine Teure – – "

Er trinkt immer mehr und wird schließlich sentimental. Dunja umarmend, schwelgt er in Erinnerungen. Mit Sehnsucht denkt er an die Vergangenheit. Wie gut lebte es sich damals im Dorf! Warum ist er hierher gekommen, in dieses große und schreckliche Petersburg?! Wozu hat er sich in dieses gefährliche Spiel eingelassen?!

Dunja rührt seine Sehnsucht und seine Verzweiflung. Er muß von hier weg, in sein Dorf zurückkehren, und je eher er das macht – Oh, nein! Jetzt kann er noch nicht fort! Er muß das Spiel zu Ende spielen. Noch ein, zwei Jahre. Ehe der Krieg nicht beendet ist ... Aber dann wird er weggehen! Weit, weit weg ... Wird allein leben in den Bergen – – ein neues Leben beginnen – das Leben eines Asketen ... Er wird um Vergebung seiner Sünden bitten – denn viele Sünden haben sich angesammelt.

Er weint – zerknirscht und gebrochen. Dunja murmelt Worte des Trostes und sucht ihn zu beruhigen – mit Mühe selbst die Tränen zurückhaltend. ...

Es klingelt im Flur; Rasputin zuckt zusammen. „Ich empfange keinen! Niemand!" Dunja geht zur Tür. In diesem Augenblick kommt Simanowitsch blaß und aufgeregt in das Zimmer gelaufen.

„Die Zarin ..."
„Die Zarin?!!"

Rasputin scheint plötzlich nüchtern geworden zu sein ...

„Den Schnaps weg!"

Er streicht seine Haare glatt, geht zum Heiligenbild, läßt sich vor ihm auf die Knie nieder, nimmt die Stellung eines Betenden ein – und sagt: „Laßt sie hereinkommen!"

Schwertertanz

Die Kriegsfackel brennt .... Schwarze Wolken bedecken den Himmel, kommen vom Kriegsschauplatz und senken sich über ganz Rußland wie Gewitterwolken. Das Gewitter ist nahe und unvermeidlich, sein Name ist – – Revolution! – –

„Revolution!" Dieses Wort wird jetzt immer öfter wiederholt. Früher wagte man es nur flüsternd auszusprechen und sah sich dabei ängstlich nach allen Seiten um – jetzt aber spricht man allenthalben ganz laut davon. Nur Dummköpfe ahnen nicht, daß die Katastrophe nahe ist und unvermeidlich.

Der Hof ist in Aufregung. Ja, sogar selbst hier ahnt man das tragische Ende voraus. Die Großfürsten halten Familienrat. Sie machen den letzten und verzweifelten Versuch, den Thron und die Dynastie zu retten; schreiben an den Zaren einen Brief, bitten und beschwören, fordern und bestehen darauf, daß Rasputin vom Hofe entfernt wird. Dieses muß vor allem gemacht werden, um die erregten Gemüter zu beruhigen.

Der Brief ist abgesandt, und die Großfürsten erwarten in Aufregung und Ungeduld die Antwort. Jedoch es kommt keine Antwort.... Nach einigen Tagen weiß bereits ganz Petersburg und Rußland, daß der Zar den Brief empört zerrissen hat. Er gestattet keinem Menschen, ihm irgend etwas zu raten oder zu diktieren. Keinem Menschen – – – außer Rasputin?

Jetzt ist es klar, daß auf die Hilfe des Zaren nicht zu rechnen ist. Der Zar ist blind und taub. Rasputin hat ihn hypnotisiert. Behext. Der Zar ist zu einer gehorsamen und kleinen Marionette in den geschickten Fingern des Abenteurers geworden. Man muß anders vorgehen, um die Dynastie und den Thron zu retten. Doch wie? Es gibt nur einen Ausweg: Rasputin *muß ermordet* werden! Erschlagen, wie ein toller Hund!

Das Todesurteil ist zu gleicher Zeit an verschiedenen Stellen gefällt worden: auf dem Kriegsschauplatz von einer Gruppe von Gardeoffizieren, im Schloß des Großfürsten Dimitrij Pavlowitsch von einer Gruppe junger Aristokraten, mit dem Großfürsten selbst und dem Grafen Jussupoff an der Spitze, im Parlament – von dem Abgeordneten der rechten Partei Purischkewitsch. Überall werden Verschwörungen geplant und der Plan der Ermordung Rasputins genau ausgearbeitet, nur in dem kleinen Häuschen in der Umgebung Petersburgs wird eine ganz entgegengesetzte Frage besprochen, von einer kleinen Gruppe von Menschen besorgt erörtert, wie das Leben Rasputins zu schützen sei.

Diese Beschützer und Verteidiger Rasputins sind die alten Terroristen und Revolutionäre. Sie brauchen Rasputin: Rasputins Umgang mit dem Zaren kompromittiert den Thron, seine Rolle eines ungekrönten Beherrschers von Rußland beschleunigt den Ausbruch der Revolution. Man muß den „Vater der russischen Revolution" solange beschützen, bis das Gewitter der Revolution ausgebrochen ist.

Was für eine bittere Ironie, was für ein böser Spott: während im großfürstlichen Schloß, in den Korridoren des Parlaments und in den Schützengräben die Ermordung Rasputins vorbereitet wird, wird hier, in dem kleinen, düstern Zimmer, in dem jahrelang blutige Rachepläne geschmiedet wurden, mit kalter Grausamkeit Attentate auf Minister, Sprengungen von Zarenzügen und Schlössern vorbereitet wurden, besorgt beraten, wie das Leben des Menschen, der dem Zaren am nächsten steht, beschützt und gerettet werden kann … .

Wo aber ist er selbst, dieser Mensch, von dem jetzt so viel gesprochen wird, und dessen Leben in diesem Augenblick in höchster Gefahr schwebt, – wo ist Rasputin?

Er ist zu Hause. Er ahnt mit dem Instinkt eines Tieres voraus, daß er in Gefahr schwebt und geht in der letzten Zeit kaum aus dem Hause.

Jetzt, in diesem Augenblick, ist er in der Küche in der ihm lieben Gesellschaft: Das Dienstmädchen Dunja, die Schneiderin Katja, die Frau des Portiers und der „Nachtfalter" Tregubowa sind bei ihm, außerdem der alte Freund, der entlaufene Sträfling Keschka, der in seiner Polizeiuniform kaum zu erkennen ist. Ja, Keschka ist eine wichtige Persönlichkeit geworden: er ist Polizeipräsident in einer großen Provinzstadt. Rasputin hat es erreicht, daß er dazu ernannt wurde – hat ihm damit danken wollen, dafür danken, daß er ihm einmal daß Leben gerettet hat ...

In der Küche geht es hoch her. Es wird viel geschwatzt und viel gelacht. Auf dem mit Wachstuch überzogenen Küchentisch steht Kaviar, stehen Hummern und alte, feine Weine – – alles dieses haben heute Rasputins Verehrerinnen gesandt, denn heute ist der Geburtstag ihres Abgottes. Nicht nur diese Herrlichkeiten sind heute gesandt worden – nein, die ganze Wohnung versinkt in Blumen und gleicht einem herrlichen Wintergarten. Auf den Tischen funkeln goldene und silberne Gegenstände. In den Schubfächern des Schreibtisches liegen Futterale mit Geschmeide und Wertsachen. Die heutige Ernte ist groß! Der Sekretär Simanowitsch schätzt die Geschenke auf 200 000 Rubel –

Diese Geschenke und das Geld interessieren jedoch Rasputin nur wenig. Was bedeutet Geld?! Geld ist wie die Tauben: kommt geflogen und fliegt wieder weg ... Gute Stimmung bedeutet mehr als alles Geld! Solch eine Stimmung, wie eben. Rasputin fühlt sich in diesem Augenblick glücklich: er ist mit seinen Leuten zusammen, alle diese Menschen stehen seinem Herzen nah, er braucht ihnen keine Komödie vorzumachen, wie denen der höchsten Kreise, die wohl auch bald kommen werden, um ihm zu gratulieren. Oh, wie sie ihn langweilen!

Jetzt muß man aber nicht an sie denken! Weshalb die gute Laune verderben?! Solange sie noch nicht da sind, muß man singen, trinken, plaudern und lachen! Möge Keschka noch etwas erzählen, was er alles gemacht hat in seiner Eigenschaft als Polizeipräsident. Das ist so lustig – alles ist so lustig, was er erzählt. Na, Keschka, erzähl noch etwas!

Keschka, ganz betrunken vom Schnaps und Madeira, erzählt: „Kommt zu mir ein Kaufmann und bittet mich, das Protokoll über Nichtbeachtung des Ladenschlusses zu vernichten. Merke, daß der nicht wagt, mir dafür Geld anzubieten. Der Idiot wird rot, schwitzt vor Aufregung, kann sich nicht entschließen zu sprechen ... Endlich entschließt er sich: Er beugt sich, macht als ob er etwas vom Boden aufhebt, reicht mir einen Fünfzigrubelschein und sagt: ‚Sie haben 50 Rubel fallen lassen ... da sind sie ...' Und ich sehe ihn streng an – – so – – und antworte: ‚Das ist nicht wahr – – ich habe 100 Rubel verloren!' ..."

Eine Lachsalve erdröhnt. Lauter als alle lacht Rasputin. Er ist entzückt. „Bravo, bravo, Keschka! Diese Erzählung ist ein Glas Madeira wert."

Leises, zaghaftes Klopfen an der Küchentür. Wer ist da?

Es sind zwei Geheimpolizisten, die den Eingang in die Wohnung Rasputins bewachen. Auch sie wollen ihm zum Geburtstag gratulieren. Rasputin ist gerührt. Der Schnaps hat ihn sentimental gemacht. Mögen sich die Geheimpolizisten auch an den Tisch setzen – seine Leute! – und etwas essen und trinken. Wodka? Madeira? Kaviar?

Im Eßzimmer warten schon die ersten Gäste. Ihrer sind noch nicht viele: Munja Golovina, die Großfürstin Anastasia Nikolajewna, die Baronin Pistolkors und noch einige Damen der höchsten Gesellschaft. Auch zwei Schauspielerinnen sind darunter und eine bekannte Petersburger Halbweltdame. Sie alle warten im Eßzimmer. Macht nichts – werden warten!

Rasputin hat sie gelehrt, geduldig zu sein ... . Sie sitzen längs den Wänden, stumm und mit unterwürfigen Mienen, sie machen einen Eindruck von Patientinnen, die im Vorzimmer eines Arztes warten ... . Sie hören das Gelächter und das Geschrei der Stimmen aus der Küche. Jedoch Rasputins Stimme überschreit alle andern. Rasputin, bereits total betrunken, schreit so laut, daß jedes seiner Worte im Eßzimmer zu verstehen ist: „Ich werde alles tun, was ich will – alles! Hier ist für mich der Zar, hier!" Er zeigt auf seine Handfläche und schließt die Hand zur Faust.

Die Geheimpolizisten blicken einander ängstlich an. Bis jetzt haben sie sich bemüht, alles zu behalten, was Rasputin gesagt hat – (sie müssen später über alles der Obrigkeit Bericht erstatten!) –, das aber, was er eben sagt – – o nein, nein! das müssen sie schnell vergessen! Solche Worte dürfen nicht wiederholt werden! ...

„Ist das überhaupt ein Kaiser?" schreit Rasputin erregt. „Eines Kaisers Wort muß fest sein, wie Granit, und er sagt heute ‚Ja' und morgen ‚Nein'. ... Das ist ein Waschlappen, und kein Zar! Er hat keine Entschlossenheit ... Vorgestern hat er zum Beispiel versprochen, daß er Protopopoff zum Minister des Innern ernennen wird, und gestern, als ich verlangte, daß er die Ernennung unterschreibe, fing er an zu schwanken. ... Ich wurde natürlich wütend. Schlug mit der Faust auf den Tisch – so – und schrie, daß ich dann schon morgen nach Sibirien reisen werde ... . Sie werden hier alle ohne mich untergehen! ‚Mama' fing an zu weinen und auch der Zar erschrak. ... Und siehe da, heute ist Protopopoff Minister! ... ."

Rasputin sieht triumphierend um sich. „Der Nachtfalter", die Tregubowa, lächelt ungläubig:

„Das heißt, wenn du es wünschen solltest ... na, sagen wir Keschka zum Bischof zu machen – – – "

„Er würde Bischof werden, wenn ich es wünschen sollte!"

Eine Lachsalve. Jetzt lacht alles, selbst die Geheimpolizisten. Rasputin hat sich natürlich nur einen Witz erlaubt: Ist es denn möglich, daß ein entlaufener Sträfling Bischof wird?

„Ihr lacht ganz unnütz!" sagt Rasputin beleidigt und zieht die Schultern hoch. „Wenn ich es wünschen sollte, würde es auch geschehen! Ich kann alles machen, alles!"

Rasputin nach dem ersten Attentat

Und er prahlt nicht bloß. Er kann tatsächlich alles durchsetzen, das hat er schon oft bewiesen.

Wer hat Stürmer zum Ministerpräsidenten gemacht? Er – Rasputin! Zufällig machte er dessen Bekanntschaft im Salon der Schauspielerin Lerma, und der „Alte" gefiel ihm. „Willst du Ministerpräsident werden?" hatte er gefragt und den „Alten" dabei freundschaftlich auf die Schulter geklopft. Stürmer versagte vor Schreck über diesen Vorschlag der Atem und er besaß nicht einmal die Kraft, „Ja" zu sagen. Nur mit dem Kopf konnte er nicken. Und zwei Tage darauf wurde Stürmer zum Ministerpräsidenten ernannt ... .

Wer hatte Pitirim zum Petersburger Metropoliten gemacht? Er – Rasputin! Pitirim hatte Rasputin versprochen, alle seine Befehle getreulich zu befolgen, und eine Woche darauf erglänzte auf seiner Brust das Brillantenkreuz des Metropoliten ... .

Wer verhalf dem Bischof Warnawa und Hermogen dazu, eine glänzende Karriere bei Hofe zu machen? Er – Rasputin!

Wer befreite den Kriegsminister Suchomlinoff aus dem Gefängnis, wer befreite den Bankier Rubinstein, der des Hochverrats beschuldigt war? Er – Rasputin!

Wer ernannte Protopopoff, einen Paralytiker und halben Idioten, zum Minister des Innern? Er – Rasputin!

Er kann alles machen, alles! Er ist allmächtig. Ein Zar über dem Zaren!

Die Geburtstagsfeier ist jetzt aus der Küche in das Eßzimmer verlegt worden. Eine Menge Gäste sind versammelt. Der Wein fließt in Strömen. Alle sind betrunken oder geben sich den Anschein, es zu sein. Der neuernannte Minister Protopopoff bringt ein Hoch auf Rasputin aus – „den größten Staatsmann, den die Geschichte gekannt hat" ... . Er bittet Rasputin, ihm bei seinem schwierigen und verantwortungsvollen Regierungsgeschäft mit seinem Rat zu helfen. ... Alle hören zu, und niemand wundert sich darüber, daß der Minister den groben und ungebildeten Abenteurer untertänigst um eine moralische Unterstützung bittet. ...

Niemand wundert sich auch über die leutseligen Worte, die Rasputin sagt! „Ich werde helfen ... gern helfen. Und wenn du meinen Rat befolgen wirst, werde ich dich zum Ministerpräsidenten ernennen. Des ‚Alten' bin ich schon überdrüssig ..."

Die Gläser klingen. Golden glänzt in ihnen der perlende Sekt. Noch mehr Wein, noch mehr! Heute müssen alle betrunken sein! Heute ist ein großer Festtag, der Geburtstag ihres Abgotts!

Ein Toast folgt dem andern ... . Doch nun ist genug geredet worden! Auf die Dauer wird das langweilig! Man möchte etwas anderes hören – – Gesang! Die Zigeuner her! Schneller! Simanowitsch soll in der Villa Rhodé anrufen!

Und da sind sie auch schon, die Zigeuner! Und Mascha ist dabei. Jetzt wird es lustiger werden! Und nun stimmt das Lieblingslied an: „Kutscher, jag nicht deine Pferde."

Die auf der Straße frierenden Geheimpolizisten, Chauffeure und Schutzleute und die wenigen Passanten hören den Gesang des Zigeunerchores, der die schlafende Straße zum Erwachen bringt. Sie seufzen neidisch: Was für ein schönes Leben führt doch der Rasputin!

Das Lieblingslied Rasputins ist zu Ende! Nun kommt der Tanz! Wer wird als erster tanzen? Die vom Wein getrübten Blicke Rasputins gleiten über die Gesichter der Gäste. Bleiben an Protopopoffs Gesicht hängen.

„Tanz, Protopopoff!"

Protopopoffs Lippen verziehen sich zu einem verlegenen und gequälten Lächeln. Er murmelt: „Ich verstehe nicht zu tanzen – – ich habe noch niemals getanzt ... ."

„Und ich befehle dir – – tanze!"

„Aber wirklich – – ich verstehe nicht ...", flüstert Protopopoff mit bleichen Lippen, seine Blicke irren ängstlich und verloren umher, wie die Blicke eines kleinen gefangenen Tieres.

„Tanze!" schreit Rasputin heiser, „du bist verpflichtet alles zu machen, was ich befehle! Du hast es versprochen.

„Gut", stammelt Protopopoff. „Ich werde mich bemühen – – ich werde versuchen – – "

„Spielt, ihr Gitarren! Tanze, Protopopoff!"

Die Gitarrenspieler greifen in die Saiten. Der Chor beginnt zu singen. Protopopoff macht einige ungelenke und lächerliche Tanzschritte.

„Lustiger, lustiger tanze!" schreit Rasputin lachend.

Allen bietet sich ein jämmerliches, abstoßendes und beschämendes Schauspiel. Ein älterer Mann, schon fast ein Greis, der Minister eines großen Reiches dreht sich inmitten des Zimmers unter dem Gelächter der Gäste wie ein mechanisches Spielzeug, wie ein Bajazzo ... .

„Genug!" schreit Rasputin, halb erstickt vor Lachen. Er tritt zu Protopopoff, der bleich, mit Schweiß bedeckt und schwer atmend vor ihm steht, und klopft ihm freundschaftlich auf die Schulter.

„Es ist möglich, daß aus dir ein guter Minister wird, aber bis zu einem guten Tänzer wirst du es niemals mehr bringen! Nun werde ich dir zeigen, wie man tanzen muß! Mascha, wo bist du? Komm her! Wir wollen ihm zeigen, wie man tanzen muß!"

Und wieder erklingen die Saiten der Gitarren, aber diesmal anders – feurig, erregend. ... Und das Klingen der Saiten vereinigt sich mit dem Gesang des Zigeunerchors.

Rasputin und Mascha drehen sich, als wären sie von einem Strudel erfaßt. ...

Lauter, Chor, lauter! ... Doch was ist das? Noch irgendein anderer Gesang mischt sich in diesen Chor – ein anderer – – ein Soldatenchor.

Rasputin bleibt stehen – – horcht … . Der Gesang der Soldaten kommt näher und näher. Rasputin läuft zum Fenster, öffnet es und blickt auf die Straße hinaus. Im Halbdunkel der Straße, bei dem schwachen Licht der Gaslaterne, sieht er Reihen von Soldaten herannahen. Wie eine graue Masse wälzen sie sich die Straße entlang.

Die Bajonette blitzen. … An die Front gehen sie – – dem Tode entgegen … dem Tode Verfallene!

Rasputin steht am Fenster, verfolgt sie mit seinen Blicken, seine Augen sind weit geöffnet und haben einen irren, unheimlichen Ausdruck. Als die letzten Reihen vorüber sind, wendet er sich um; die Gäste sind erschrocken über den Ausdruck seines Gesichts; es ist bleich wie eine Gipsmaske und ganz verzerrt … .

„Genug des Blutes!" schreit Rasputin zitternd vor Aufregung. „Genug gekämpft! Sofort muß mit den Deutschen Friede gemacht werden!"

Simanowitsch kommt angelaufen – – raunt ihm erschrocken zu. „Still! Um Gottes willen, still! … Du bringst dich ins Verderben!"

„Ich sage, was ich denke! Man hat genug Blut und Tränen vergossen! Es ist Zeit, Schluß zu machen! Ich habe es auch dem Zaren gesagt!"

„Schweigt! Schweigt!" flüstert man aufgeregt und beschwörend von allen Seiten.

„Ich werde nicht schweigen! Ich will nicht schweigen! Morgen schon will ich wieder mit dem Zaren reden, und wenn er wieder nicht auf mich hört, dann – "

Er spricht nicht zu Ende. Ein Zucken verzerrt seine Lippen. Mit irren, unsteten Blicken sieht er um sich, als suchte er etwas oder jemand, an dem er seine Wut auslassen könnte. … Da erblickt er eine Sektflasche, ergreift sie mit einem tierischen Geheul und schleudert sie in den Kronleuchter. Jämmerlich klirren die Scherben der Glühlampen. Im Eßzimmer wird es plötzlich dunkel. Bei dem schwachen Licht der Straßenlaternen, das durch die Fenster ins Zimmer dringt, erscheinen die bleichen Gesichter der Gäste wie graue Flecken.

Im Zimmer herrscht Totenstille. Zu hören ist nur der schwere Atem Rasputins, der sich pfeifend und röchelnd seiner Brust entringt … . Und zu hören ist noch der in der Ferne ersterbende Chorgesang der Soldaten, der wie ein Grabgesang klingt – – wie der letzte Abschied von der Heimat – – – vom Leben.

Annas Häuschen

"Annas Häuschen" – so wird das weiße, einstöckige Haus in Zarskoje Selo genannt, das Anna Wyrubowa – die intime Freundin der Zarin und glühende Verehrerin Rasputins – bewohnt. Der kleine Salon in "Annas Häuschen" birgt in seinen Wänden viele Geheimnisse: In den letzten Monaten finden nur hier die Zusammenkünfte zwischen der Zarin und Rasputin statt, weil im Alexander-Palais allenthalben gelauscht und beobachtet wird, weil dort selbst die Wände Ohren zu haben scheinen … .

In der Stille des Salons unterhalten sich die Zarin und Rasputin oft und lange. Die Zarin teilt dem "Freunde" den Inhalt der Telegramme des Zaren über den Gang der kriegerischen Aktionen mit, tauscht mit ihm Meinungen darüber aus, und Rasputin gibt ihr seinen Segen und erteilt Ratschläge bezüglich der weiteren kriegerischen Operationen. Auch heute wieder wartet die Zarin hier auf Rasputin. Aus dem Hauptquartier sind böse Nachrichten eingetroffen, und die Zarin bedarf heute besonders des Trostes und des Rates des "Freundes".

Der Salon ist in das graue Spinngewebe der Dämmerung wie eingehüllt – nur die schwarzen Schatten der Zarin und der Wyrubowa sind im Halbdunkel kaum erkennbar. Beide Frauen sind erregt und unterhalten sich kaum verständlich flüsternd, obgleich sie nicht Gefahr laufen, belauscht zu werden. Sie sprechen über das Furchtbare und Unglückverheißende, das Rasputin unlängst vorausgesagt hatte und worauf er jetzt hartnäckig und beharrlich besteht: Über die Notwendigkeit der Abdankung des Zaren zu Gunsten des kleinen Alexej und über die Ernennung der Zarin zur Regentin bis zur Volljährigkeit des Sohnes ... . Der „Freund" behauptet, daß nur eine solche qualvolle und gefährliche Operation den Thron und Rußland retten könnte.

Armer Zar! Armer Niki! Das Herz der Zarin krampft sich schmerzlich zusammen und das Blut erstarrt in ihren Adern bei dem Gedanken an eine Verschwörung gegen den Menschen, den sie vergöttert, mit dem sie Hand in Hand einen langen, dornenvollen Weg gegangen ist, gegen den Vater ihrer Kinder – jedoch – Rasputin fordert es ... und die Zarin glaubt, daß Gott aus ihm spreche ... .

Sich tief zur Wyrubowa neigend, deren Gesicht ihr heißer Atem erhitzt, erzählt die Zarin mit erregter, flüsternder Stimme: „ ... und gestern hat er mich wieder überreden wollen, mich endlich zu entscheiden. ... Er behauptet, daß Niki zu schwach und willenlos sei – – daß seine Schultern die Last des Regierens nicht tragen können – – daß er sogar froh sein würde, diese Last mit mir zu teilen. ... Er sagt – – mein Gott, er sagt – – "

Die Zarin hat nicht mehr die Kraft, weiterzusprechen: ihre Stimme ist in Tränen erstickt und sie ringt vor Verzweiflung und Gram die Hände.

„Er sagt, daß Niki in die Krim müsse, nach Livadimen, er müsse dort Blumenzucht betreiben und photographieren – daß er nur dazu geboren wäre – – und daß ich, ich – – – "

„Beruhige dich, weine nicht. Er hat das auch mir gesagt. ‚Sag der ‚Mama' – spricht er immer – , daß einst über Rußland die Zarin Katharina die Große regierte, und daß jetzt *Alexandra die Große* regieren müsse' ..."

Tränen ersticken die Stimme der Zarin. Sie murmelt mit bebenden Lippen: „Ich kann aber nicht – – fürchte mich – – kann mich nicht entschließen ... . Nein, nein – – – "

Das knirschende Geräusch von Autoreifen auf dem nassen Kies der Allee. Man hört, wie ein Auto vorfährt und anhält. Er! Der „Freund"!

Die Zarin trocknet eilig die Tränen. Es ist nicht nötig, daß der „Freund" merkt, daß sie geweint hat: es ärgert ihn, wenn sie weint. Er verlangt, daß sie immer mutig bleibt. ...

Das Häuschen der Wyrubowa

Rasputin betritt den Salon. Die Wyrubowa schaltet das Licht ein. Gedämpft durch seidene Lampenschirme überflutet es das Zimmer.

„Nun, grüß Gott!" Er küßt die Zarin auf die Stirn, während diese andächtig ihre Lippen auf seine Hand drückt. Er durchbohrt sie scharf, mißtrauisch und prüfend mit den Blicken. Hm! Wieder geweint? Wieder aufgeregt? Was ist geschehen?

Die Zarin reicht ihm das Telegramm des Zaren. An der Front steht es schlecht: Wegen starken Nebels muß der Generalangriff auf unbestimmte Zeit verschoben werden, – der Angriff, der so lange und gründlich vorbereitet worden war und auf den das russische Oberkommando so große Hoffnungen setzte.

„Hm! So – – so – – " Rasputin zieht besorgt die Brauen hoch, beißt die Lippen und geht erregt im Zimmer auf und ab, von einer Ecke zur anderen und wiederholt: „Hm! So – – so – – ." Plötzlich wendet er sich jäh um, geht schnell zum Heiligenbild, läßt sich vor ihm auf die Knie nieder und schlägt das Kreuz.

Die Zarin und die Wyrubowa beobachten ihn mit andächtigem Schauder, stumm, sie wagen kaum zu atmen.

„Nun, so – – ", sagt Rasputin mit hohler Stimme, „jetzt habe ich gebetet und jetzt wird alles gut gehen … . Schreib ‚Papa', daß die Nebel sich nach zwei Tagen verteilen werden und daß er durch nichts mehr am Angriff gehindert werden kann. Möge er aber nur so vorgehen, wie ich ihm zum letzten Male riet – möge er den Angriff von der rumänischen Front gegen die Österreicher beginnen – – "

Er tritt zur Zarin und setzt sich neben sie auf den Diwan. In dem Augenblick aber fällt eine Flasche mit dumpfem Knall aus seiner Tasche auf den Teppich. Die Zarin und die Wyrubowa sind erstaunt: was ist das? Rasputins Verwirrung dauert nur einige Sekunden: wer hat ihm eine halbgeleerte

Flasche Madeira in die Tasche gesteckt? Oder hat er sie aus Versehen selber an sich genommen? Er kommt ja direkt aus der Villa Rhodé ...

„Das ... das ist ein heiliges Getränk ... ein Wundertrank ...", murmelt er unsicher. „Der Trank heilt allerlei Krankheiten – – gibt dem Leibe und der Seele Kraft ... .

Im Hauptquartier

Heute ist im Hauptquartier ein „großer Tag"; die Suite des Zaren und die Generale warten in Angst und Aufregung auf den Ausgang der Unterredung des Oberbefehlshabers General *Alexejeff* mit dem Zaren, die eben im kaiserlichen Arbeitszimmer stattfindet. Der General hatte beschlossen, dem Zaren heute die volle Wahrheit über die politische und militärische Lage des Landes zu sagen, die Wahrheit, die der Zar nicht kennt oder nicht kennen will ... . Von dieser Unterredung hängt vieles ab – – das Schicksal Rußlands ... .

Da sitzen sie am Schreibtisch einander gegenüber – der Zar und der alte General Alexejeff. Eben ist die Rede von dem baldigen Generalangriff. Alexejeff widerspricht energisch dem Wunsch des Zaren, den Angriff von der rumänischen Front gegen die Österreicher zu beginnen. Die Rumänen seien unzuverlässig, und selbst die Idee eines Angriffs gegen die Österreicher hielte keiner ernsten Kritik stand.

Der Zar zuckt ärgerlich mit den Schultern. Er hält den Plan für glänzend und auch Rasputin ist derselben Meinung. Hier ist sein Telegramm. – „Greife von der rumänischen Front an. Dort harrt Deiner der Sieg. Gegen die Deutschen gehe aber jetzt nicht vor."

General Alexejeff lächelt ironisch. Die Ratschläge und Meinungen Rasputins sind bedeutungslos, wenn die Rede von militärischen Angelegenheiten ist. – –

Mit schneidender Stimme unterbricht der Zar den General: er gestatte es nicht, daß über Rasputin ironisch gelächelt werde! Rasputin sei ein Heiliger! Seine Gebete stärkten die russischen Waffen und seien nötiger und bedeutender als die ganze Strategie der Generale ... .

Des Zaren Schärfe beleidigt und erregt den General. Er ist ein ehrlicher alter Soldat und glühender Patriot. Die Erregung und der Zorn des Zaren schrecken ihn nicht und werden ihn nicht daran hindern, dem Zaren alles zu sagen, was die Pflicht von ihm fordert.

„Majestät" – antwortet er mit vor Erregung zitternder Stimme – , „nur durch die Gebete Rasputins allein werden wir Deutschland nicht besiegen, noch Rußland retten! Sehen Sie denn nicht, daß, wenn es noch lange so weitergeht – wir den Krieg verlieren?"

Der Zar beißt sich nervös auf die Lippen und trommelt mit den Fingern auf der Tischplatte. Er beherrscht sich scheinbar nur schwer, hält nur schwer an sich, um diesen taktlosen, frechen Alten nicht anzuschreien ... .

„Ja, wir nähern uns dem Abgrund!" setzt Alexejeff erregt fort, als bemerke er des Zaren Entrüstung nicht. „Die Soldaten sind ohne Waffen und Uniformen, obschon in den Laufgräben bereits der Schnee liegt ... . Weil der Lebensmitteltransport versagt und wegen der Mißwirtschaft in der Etappe hungern die Soldaten bereits wochenlang – – und dieses während einer Zeit, wo in Sibirien *Tausende von Zentner Fleisch auf den Stationen verfaulen* und die Räder der Eisenbahnwagen mit feinster Butter geschmiert werden – – – ."

„Sie wiederholen nur die dummen Klatschereien der Zeitungen!" sagt der Zar und zuckt mit den Schultern.

„Nein, Majestät, das sind keine Klatschereien! Das ist die furchtbarste Wahrheit, und ich fürchte mich nicht, Ihnen diese zu sagen. Mein Alter und meine Liebe zu Ihnen und zu unserem Lande geben mir das Recht dazu. Fürchten auch Sie sich nicht, Majestät, dieser Wahrheit in die Augen zu schauen! In der Armee gärt es und die Unzufriedenheit wächst mit jedem Tag ... . Die Soldaten und die Offiziere nennen schon laut die Namen derer, die an unseren kriegerischen Mißerfolgen schuld sind und an erster Stelle den Namen Rasputins."

„Sie sprechen wieder von Rasputin?!"

„Ja, wieder! Ich werde diesen Namen solange wiederholen, bis auch Sie glauben werden und einsehen, daß dieser Mensch – – nein, nicht Mensch, sondern Dämon! – – allein an all dem schuld ist, was jetzt eben geschieht und zur drohenden Katastrophe für Sie, Majestät, und für Ihr Land werden kann!"

„Katastrophe?!"

„Ja, Katastrophe! Die Revolution kommt und uns trennt von ihr vielleicht nur ein Schritt. ... Sie wird blutig und unerbittlich sein, diese Revolution – – "

Der Zar erhebt sich plötzlich mit einem Ruck von seinem Sessel und nickt kalt mit dem Kopf.

„Ich möchte Ihnen nicht länger zuhören!"

Verzweifelt, fast schreiend, förmlich stöhnend erhebt der alte Soldat seine Hände zum Kaiser: „Hören Sie mir bis zum Ende zu, Majestät!"

Der Zar hat ihm jedoch schon den Rücken zugewandt – ist ans Fenster getreten – steckt sich eine Zigarette an. Das brennende Streichholz zittert in seinen Fingern ... .

Einige Sekunden noch blickt der General mit tränengefüllten Augen auf den Rücken des Zaren – – seufzt – – und geht zur Tür, mit eingezogenem Kopf, tief gebückt, unglücklich, gebrochen. Der General scheint während dieser paar Minuten um Jahre gealtert. – – –

Der Adjutant vom Dienst betritt das Zimmer. Er überreicht dem Zaren einen Brief, ein Paket der Zarin, und verschwindet leise wie ein Schatten, nachdem er seinen Auftrag ausgeführt hat.

Der Zar öffnet das Paket mit immer noch vor Erregung zitternden Fingern und liest den Brief der Zarin – – Zeilen, wie von Männerhand geschrieben:

„ ... Ich habe mich mit unserem Freunde über den Nebel unterhalten, der Deinen Plänen hinderlich ist. Er sagt, daß Du Dich nicht beunruhigen mögest und daß die Nebel sich nach zwei Tagen legen werden. Er sendet Dir seinen Segen ... ."

Ein weiches, zartes, dankbares Lächeln erscheint auf dem Gesicht des Zaren und seiner Brust entringt sich ein Seufzer der Erleichterung. Er durchläuft mit den Blicken die weiteren Zeilen des Briefes und wendet seine ganze Aufmerksamkeit dem Postskriptum zu.

„ ... Lach' nicht, mein Geliebter, mein Vergötterter, über den Inhalt des Pakets, das Du mit meinem Briefe zusammen erhältst und in dem Du eine Flasche finden wirst. Unser Freund sagt, daß das heilige Getränk, das die Flasche enthält, die Eigenschaft habe, zu beruhigen und Mut zu machen. Ich sende Dir diese Flasche sofort, weil ich weiß, daß Du Mut brauchst. Wir, ich und Anja – – haben auch je einen Schluck davon getrunken und Dir noch etwas von diesem Wundertrank gelassen, damit Du ihn täglich trinken kannst. Mir will es scheinen, als hätte er den Geschmack von Madeira, doch es ist kein Madeira. Wir werden ihn täglich trinken, wie eine vorbeugende Medizin, und ich bitte Dich, dasselbe zu tun. Trink aber nicht aus dem Glas, sondern direkt aus der Flasche – – das rät unser Freund ... ."

Der Zar öffnet das Paket, entnimmt ihm die Flasche, trinkt einen Schluck – einen zweiten – und atmet sichtbar erleichtert auf. Und in der Tat – ihm scheint, als wäre neuer Mut in seine müde Seele eingekehrt ... .

Er setzt sich an seinen Schreibtisch und schreibt:

„Herzlich danke ich Dir, mein Täubchen, für den Brief und die Flasche, die du mir sandtest – für den Wein unseres Freundes. Schon nach dem ersten Schluck fühlte ich mich mutiger und fri-

scher, und jetzt werde ich diese fabelhafte Medizin täglich trinken, wie Du mir rätst, direkt aus der Flasche. Ich werde alles austrinken, bis zum letzten Tropfen, zum Wohle unseres Freundes. ..."

Der Brief ist geschrieben, in den Umschlag getan und gesiegelt. Der Zar trägt die Flasche wie ein heiliges Gefäß zum Schrank. Versteckt sie dort neben den anderen Geschenken – Fetischen – Rasputins: neben dem Stock, auf den er sich stützen muß, wenn er die Truppen besichtigt, die an die Front gehen; neben den Kamm, mit dem er sich kämmen muß, bevor er wichtige Fragen entscheidet, und neben dem Heiligenbild, vor dem er beten muß, bevor er einen neuen Minister ernennt. ... All diese Sachen hatte die Zarin ihm gesandt im Auftrage des Freundes, der behauptete, daß jedem dieser Gegenstände eine geheimnisvolle heilende Kraft innewohnt ... .

Rasputin, der Wohltäter

Rasputin kommt nach Hause. Der anstrengende Tag ist zu Ende. Besonders hat ihn die Visite in „Annas Häuschen" ermüdet: außer militärischen Ratschlägen hatte er der Zarin noch politische Ratschläge geben müssen. So bestand er darauf, daß der Zar den Minister Stürmer absetze – – „der Alte" tauge zu nichts mehr, sei schwach und unentschlossen – – ebenfalls wollte er, daß ein neuer Justizminister ernannt werde, weil Makaroff, der jetzige Minister, kategorisch erklärt habe, daß er die Untersuchungen gegen den Bankier Rubinstein, Rasputins Freund, der des Hochverrats angeklagt war, nicht niederschlagen würde. ... Er hat mit der Zarin auch über die Verbündeten – England und Frankreich – sprechen müssen und hat wieder darauf bestanden, daß mit ihnen gebrochen und mit Deutschland und Österreich ein Separatfrieden geschlossen werde.

Über vieles hat heute Rasputin mit der Zarin sprechen müssen, hat sie überzeugen und ihr beweisen müssen, und jetzt, nach Hause gekommen, ist er ganz erschöpft. Er sehnt sich nach vollkommener Ruhe, nach Alleinsein. Jedoch, als er seine Wohnungstür öffnet, muß er sich sagen, daß sein Wunsch unerfüllbar ist. Eine Menge Besucher, die ihn schon den ganzen Tag erwarten, umringen ihn, und jeder bittet ihn, ihm doch nur eine Minute Gehör zu schenken. Nein, nein, er will mit niemandem sprechen! Grob schiebt er die Menge mit den Ellenbogen zur Seite, da bleibt sein Blick plötzlich auf dem bleichen, zerquälten Gesicht einer älteren Frau haften. Er kennt dieses Gesicht, er kennt diese Frau: Eine Witwe, deren Tochter die Schwindsucht hat – ihr einziges, über alles geliebtes Kind – das Teuerste, was sie auf der Welt besitzt. Diese Unglückliche war schon einmal hier und hatte

Rasputin gebeten, ihre Tochter in einem Sanatorium im Süden unterzubringen. Sie ist arm und hat weder Freunde noch Verwandte, die ihr helfen könnten. Nur Rasputin kann ihr helfen, denn er ist allmächtig ... . Die flehenden Augen dieser Unglücklichen warten auf Hilfe, Rettung, und Rasputin kann nicht gleichgültig an ihr vorübergehen.

„Ich erinnere mich deiner Bitte", sagt er und schreit: „Dunja! Dunja, bring Papier und Bleistift."

Auf einem kleinen Tisch im Vorzimmer, auf einen schmutzigen Fetzen Papier, schreibt er mit Blei – ungrammatikalisch: „Lieber Freund! Tu' für diese Frau alles, um was sie Dich bitten wird. Grigorij."

Er reicht der Bittstellerin den Zettel: „Gib' ihn dem Minister und er wird alles tun, worum du ihn bittest."

Die Frau überfliegt mit den Blicken die Zeilen und murmelt unsicher: „Welchem Minister? Hier ist nicht gesagt – "

Rasputin lacht. „Einerlei welchem. Jeder Minister wird das tun, was du willst. Es genügt, wenn der Zettel von mir unterzeichnet ist ... ."

Ja, das genügt! Davon haben sich alle Bittsteller Rasputins schon des öfteren überzeugt. Seine Zettelchen bedeuten mehr, als der Befehl eines Ministers, als das Gesetz ... .

Rasputin lacht, das heißt, er ist in guter Stimmung. Und wenn er die Bitte dieser Frau erfüllt hat, wird er auch die Bitten der anderen erfüllen und sie anhören. Und wieder wenden sich die Bittsteller an ihn.

Rasputin ist aber heute nur aufgelegt, die Bitten der Armen und Ärmsten zu erhören. Wer braucht noch seine moralische und materielle Unterstützung?

Deren sind viele hier: ein armer Vater, der das Schulgeld für seine Kinder nicht aufbringen kann; – ein Beamter, der seine Wohnung verlassen muß, weil er nicht seine Miete zahlen kann; – noch eine Witwe – zwei Vollwaisen, die nach dem Tode ihrer Eltern auf der Straße geblieben sind ... .

Man muß allen, allen geben. Rasputin entnimmt seinen Taschen Geld, ohne es zu zählen, und verteilt es nach links und rechts. Seine Taschen sind jedoch bald leer und von allen Seiten strecken sich ihm noch immer geöffnete Hände entgegen. Dunja! Dunja! Wo bist du? Gib noch Geld her!

Dunja – Rasputins Kassiererin – ist wütend. Sie hat kein Geld mehr! Er hat schon genug verteilt … . Rasputin schlägt Dunja grob und wütend ins Gesicht: „Gib Geld her, sage ich!" Dunja muß den Befehl ausführen.

Und schon erscheint sie mit einem neuen Packen Geld, und Rasputin verteilt es wahllos nach links und rechts … . Dunja geht ins Eßzimmer. Sie kann nicht dabei sein, wenn so verschwendet wird.

Gäste in der Nacht

Während Rasputin sein Geld an die Bittsteller verteilt, ist Dunja damit beschäftigt, im Eßzimmer Almosen zu verteilen … .

Seltsame Almosen: – Rasputins schmutzige Wäsche.

Die Damen der Gesellschaft, die im Eßzimmer versammelt sind, schlagen sich förmlich um Rasputins schmutzige Leibwäsche – Hemden, Hosen und Jacken. Sie betrachten es als hohe Ehre, die Wäsche Rasputins, die sein „heiliger Leib" berührt hat, zu waschen. Bevor sie aber die Wäsche waschen, tragen sie dieselbe noch einige Tage am eigenen Leibe, denn sie glauben, daß sich auf diese Weise Rasputins Kraft, seine Gesundheit und Heiligkeit ihnen mitteilen wird … .

Beringte Hände mit rosapolierten Nägeln, nach den schönsten und teuersten Parfüms duftend, greifen habgierig nach der schmutzigen Wäsche, nach den Lumpen, die Dunja in der Hand hält … . Sie verbergen die Wäsche unter die Zobelpelze, wie Heiligtümer. …

Rasputin hat endlich alles Geld verteilt und kann sich jetzt erholen. Im Eßzimmer jedoch wird er von den Damen überfallen. Na, mit denen macht er kurzen Prozeß, die wird er leichter los.

„Marsch, hinaus! Hinaus!" befiehlt er.

Ergeben, wie eine erschreckte Herde Schafe, verlassen die Damen fluchtartig das Zimmer. Der „Heilige Vater" hat heute schlechte Laune – – man darf ihn nicht noch mehr reizen.

Endlich ist er allein! Rasputin atmet erleichtert auf. Zieht seinen Rock und seine Stiefel aus und legt sich auf den Diwan, streckt sich mit solcher Kraft, daß man alle seine Knochen knacken hört. Jetzt wird er zwei bis drei Stunden ruhen und dann in die Villa Rhodé fahren, die er verlassen mußte, weil man ihn in „Annas Häuschen" brauchte.

Rasputin jedoch kommt nicht zum Schlafen: Simanowitsch kommt plötzlich ins Eßzimmer gelaufen, mit Pelz und Mütze. Tritt an den Diwan, auf dem Rasputin liegt. Er ist in seltsam freudiger Erregung:

„Nu, gratuliere dir, Grischa: ich habe einen fabelhaften Justizminister für dich gefunden." ... Vor Entzücken kann er nicht weitersprechen.

„Was? Was für einen Minister? Woher kommt er?"

„Ich habe ihn gefunden ... ganz zufällig ... . Werde ihn dir gleich bringen. ... Er wartet draußen im Wagen ... . Ein Schatz, aber kein Minister – du wirst ja gleich sehen ..."

Ohne Rasputins Antwort abzuwarten, läuft Simanowitsch aus dem Zimmer, um gleich den neuen Ministerkandidaten an das Lager seines Herrn zu führen.

Da ist er auch schon, der Anwärter auf den Ministerposten. Er betritt das Eßzimmer gleich nach Simanowitsch und lächelt dabei verwirrt und gezwungen. Diese seltsame und unerwartete Visite macht ihn scheinbar befangen, und er glaubt nicht an das, was Simanowitsch ihm versprochen hat. Er verneigt sich tief vor Rasputin, der ihn aufmerksam und voller Neugierde vom Kopf bis zu den Füßen betrachtet. Simanowitsch flüstert voller Eifer Rasputin ins Ohr:

„Das ist ein Mensch, den wir brauchen können! Er wird dir ergeben sein, wie ein Hund. Ich kenne ihn schon lange und kann mich für ihn verbürgen. Sein Name ist Dobrowolski."

Simanowitsch spricht die Wahrheit: er kennt tatsächlich Dobrowolski schon lange. Vor Jahren – – bevor Simanowitsch Sekretär wurde – saßen sie oft zusammen an den grünen Tischen der Petersburger Spielklubs ... . Dann trennten sich ihre Wege: Dobrowolski verschwand auf unerklärliche Weise aus Petersburg und Simanowitsch wurde die rechte Hand des ungekrönten Beherrschers von Rußland ... .

Heute trafen sich die alten Freunde zufällig auf der Straße und waren beide hocherfreut, einander zu sehen. Bei einem Glase Wein im nahen Restaurant gedachten sie des Vergangenen und sprachen über das Gegenwärtige. Dobrowolski schilderte Simanowitsch seine augenblickliche schwierige materielle Lage. Plötzlich hatte Simanowitsch eine glänzende Idee: man müßte versuchen, Dobrowolski einen sehr einträglichen Posten zu verschaffen. Mit Rasputins Protektion konnte man alles machen! Was für einen Posten aber? Was für einen? Simanowitsch hatte einen Einfall: Rasputin ist mit dem Justizminister Makaroff nicht zufrieden und fordert seine Entlassung. Ein hoher Posten wird frei … . Weshalb sollte Dobrowolski nicht Justizminister werden?

Als Simanowitsch Dobrowolski seinen Einfall erzählte, lachte letzterer: das glich ja fast einem schlechten Witz. Jedoch Simanowitsch entgegnete:

„Du solltest nicht lachen! Wir wollen gleich zu Rasputin fahren und du wirst sehen, wie schnell das geht … . Fahren wir!"

Und da sind sie nun. Dobrowolski fühlt sich nicht recht wohl. Simanowitsch ist zu weit gegangen – das ist schon kein Spaß mehr. Er ist bereit, zu gehen, zu fliehen … .

Er macht auch schon einen Schritt zurück, jedoch die Stimme Rasputins hält ihn zurück:

„Simanowitsch lobt dich – – sagt, daß du einen guten Minister abgeben würdest … . Was kann passieren, wollen wir's versuchen …

Spaßt er auch, oder macht er ernst? Dobrowolski sieht Rasputin zweifelnd an. Nein, es scheint wirklich so, als spaßte er nicht. Rasputins Gesicht ist ernst und er betrachtet prüfend Dobrowolski, als wollte er seine geheimsten Gedanken lesen.

„Ich sehe, daß du dich fürchtest …", sagt Rasputin mit gutmütigem Lächeln, und den Diwan verlassend tritt er zu Dobrowolski heran und klopft ihn ermunternd auf die Schulter.

„Da ist nichts zu fürchten: es ist nicht schwer, Minister zu sein. Wenn du meine Ratschläge befolgen wirst, wird alles glatt und gut gehen."

„Aber – – aber aber – – ich kenne doch die Gesetze überhaupt nicht … . Um Justizminister zu sein, muß man – – "

„Nichts muß man wissen!" fügt Rasputin lachend hinzu. „Die Gesetze sind Blödsinn! Gesetze werden von den Satten für die Hungernden gemacht, von Zufriedenen und Ruhigen für die, die den Kopf verloren haben, von Alten für Junge, in deren Adern das Blut kocht … Wir beide werden unsere eigenen Gesetze machen. … Ich sage dir – – höre nur auf mich und mache das, was ich dir befehle … ."

Dobrowolski traut seinen Ohren nicht. Ihm scheint es, als wäre alles nur ein Traum. … Er – – – Justizminister! Er wird das sühnende Schwert der Themis in seinen Händen halten – das Schwert der Göttin des Rechts – – das Schwert, das bis heute ihm selbst gedroht hatte! Nein, nein, das ist unmöglich – – er kann es nicht glauben!

Er ist so erregt, daß seine Knie zittern, seine Hände, seine Gesichtsmuskeln. Rasputin beobachtet ihn lächelnd.

„Beruhige dich, mein Lieber! Ich sage dir doch, daß es weder schwer noch so furchtbar ist, Minister zu sein. Simanowitsch, gib ihm ein Glas Wodka – er wird dann wieder zu sich kommen. …"

Es läutet an der Eingangstür. Rasputin sieht auf die Uhr, 11 Uhr! Wer mag so spät kommen?

„Sieh mal. Simanowitsch, wer da ist? Sollte es jemand geschäftlich sein – dann bin ich nicht zu Hause. Ich habe es satt!"

Simanowitsch verläßt das Eßzimmer und kommt nach einer Minute wieder zurück.

„Der Fürst Jussupoff. Sagt, daß er dich sehen muß!"

Ein freudiges Lächeln erstrahlt auf Rasputins Gesicht:

„Ah, Felix! Ich liebe Felix. Er ist stolz, verschmähte meine Freundschaft, ich liebe ihn aber trotzdem – – weiß selber nicht warum. Führe ihn in das Arbeitszimmer – – mag er dort auf mich warten. ..."

Jussupow

Simanowitsch geht in das Vorzimmer und bittet Jussupoff ins Arbeitszimmer Rasputins. „Grigorij Efimowitsch wird gleich kommen."

Simanowitsch geht. Jussupoff bleibt allein. Sieht sich im Zimmer um. Also so sieht es in Rasputins „Arbeitszimmer" aus, in dem Arbeitszimmer des Mannes, von dem er schon so viel gehört hat! Ein Schreibtisch, auf dem niemand je etwas geschrieben hat, und ein Bücherschrank, in dem kein einziges Buch steht. An der Wand ein Sofa mit einer Unmenge Kissen – – Geschenke der Verehrerinnen Rasputins.

Schritte vor der Tür. Rasputin kommt … . Fürst Jussupoff muß seine ganze Willenskraft aufbieten, um sich zu beherrschen – – Rasputin darf nicht erraten, was er denkt und empfindet … .

Rasputin öffnet die Tür zum Arbeitszimmer. Bleibt auf der Schwelle stehen und setzt sein Gespräch mit Simanowitsch fort, der im Begriff ist, mit Dobrowolski fortzugehen. Jussupoff hört, wie Simanowitsch zu Rasputin sagt:

„Protopopoff – (Minister des Innern) – bittet, Ihnen zu bestellen, Sie mögen jetzt nicht aus dem Hause gehen. Ihm ist hinterbracht worden, daß eine neue Verschwörung gegen Sie geplant ist. Er ist sehr besorgt um Ihr Leben."

Rasputin zuckt verächtlich die Schultern.

„Blödsinn! Mich langweilen diese ewigen Ängste! Wenn es mir bestimmt sein sollte, von der Hand eines Mörders zu sterben, kann mich Protopopoff so wie so nicht retten."

„Immerhin, fahren Sie nicht ohne Schutz aus. Wer unter der Menschen Schutz steht, steht auch unter Gottes Schutz."

„Genug, Genug! Na, auf Wiedersehen. Felix wartet auf mich …"

Er betritt das Arbeitszimmer und schließt die Tür hinter sich.

„Guten Tag, Felix!" Er umarmt den Fürsten Jussupoff und küßt ihn dreimal auf die Wangen! „Endlich besuchst du mich. Du Stolzer wolltest mir bis heute nicht die Ehre erweisen …"

Er lacht und droht gutmütig-vorwurfsvoll mit dem Finger.

„Umsonst meidest du mich! Ich könnte vieles für dich tun. Würde dich zum Minister machen ... ."

Jussupoff lächelt gezwungen.

„Es ist noch zu früh für mich, Minister zu werden: ich bin noch zu jung ... und sehr gesund bin ich auch nicht ..."

„Auch da könnte ich dir behilflich sein würde dich sofort kurieren ... Ich kenne ein Kraut, ein wundertätiges. Es heilt alle Krankheiten. Brau einen Ausguß daraus und trink ihn – – sofort wirst du dich gesund fühlen. Ich habe verschiedene Kräuter – für alle Gelegenheiten. Kräuter, die den Sterbenden Löwenkräfte verleihen und solche, die einen Löwen in ein geduldiges Lamm verwandeln ..."

Jussupoffs Lippen verziehen sich zu einem ironischen Lächeln:

„Geben Sie auch der Zarin von diesem Kräuteraufguß zu trinken? ... Und dem Zaren?"

Rasputin wird sofort ernst und in seinen Augen leuchten grüne Flämmchen auf. Er betrachtet Jussupoff mißtrauisch und feindlich:

„Weshalb hast du von der Zarin gesprochen? Weshalb hast du dich ihrer plötzlich erinnert? Weshalb wiederholst du Klatschereien?"

Jussupoff ist verwirrt. Er fühlt, eine Unvorsichtigkeit begangen zu haben, indem er so gesprochen hat und daß diese Unvorsichtigkeit seine Pläne zunichte machen kann ... Er lacht gezwungen:

„Ich habe nichts Böses gedacht – – ich habe nur so zufällig gefragt ..."

Und um Rasputins Mißtrauen endgültig zu zerstreuen, sagt er: „Ich bin gekommen, um Ihnen eine Einladung meiner Frau zu überbringen. Sie erwartet Sie heute ..."

„Irene?" Rasputins Ausdruck ändert sich sofort: er ist jetzt freudig erregt. Schon lange sucht er Gelegenheit, um die Großfürstin Irene Alexandrowna, Jussupoffs Gemahlin, kennenzulernen. Sie gefällt ihm sehr, diese schöne und stolze junge Frau. Bis jetzt war es ihm nicht gelungen mit ihr zu sprechen. Sie hatte sich immer stolz und mit Verachtung von ihm abgewandt, wenn er sie zufällig im Schloß traf und mit ihr ein Gespräch beginnen wollte. Ihre Unnahbarkeit jedoch entzündete in Rasputin noch mehr den Wunsch, ihre Bekanntschaft zu machen. Und jetzt, jetzt ruft sie ihn selbst zu sich!

„Meine Frau hat heute Gäste und möchte auch Sie als ihren Gast begrüßen dürfen", sagt Jussupoff.

Ja, ja, natürlich, er wird zu ihr fahren – – er hat aber Mascha versprochen in die Villa Rhodé zu kommen... Übrigens kann man Mascha für eine solche Gelegenheit opfern!

„Warte einen Augenblick – ich werde mich nur umziehen", sagt Rasputin zu Jussupoff und geht ins Nebenzimmer – in sein Schlafzimmer. Von dort hört man seine Stimme: „Dunja, schnell, das seidene Hemd. Doch nicht dieses – dumme Gans! – das Hemd, das mir ‚Mama' gestickt hat … das Hemd für besondere Gelegenheiten..." Jussupoff hört auch die erregte Antwort Dunjas: „Wohin fährst du? Simanowitsch hat dich doch gebeten nirgends hinzufahren … und Protopopoff hat heute angerufen, daß du – –

„Ich spucke auf deinen Protopopoff und all seine Ängste!" antwortet Rasputin ärgerlich. „Ich fahre nicht zu Feinden, sondern zu Freunden. Ich fahre mit Felix – nach dessen Wohnung."

Dunja antwortet irgendetwas, jedoch Jussupoff kann ihre Worte nicht mehr verstehen. Sie flüstert nur noch, bittend, überzeugenwollend. Und Rasputin unterbricht sie wieder wütend:

„Scher dich zum Teufel mit deinen Ratschlägen! Felix ist mein Freund, und ich brauche keinerlei Schutz … Gib mir die Stiefel – die Lackstiefel, die mir die Wyrobowa gestern gesandt hat …"

„Felix ist mein Freund ..." Jussupoffs Lippen verziehen sich zu einem ironischen Lächeln: „Oh, wenn Rasputin ahnen würde, weshalb er ihn zu sich ins Schloß gebeten hat! ...

„Nun, da bin ich auch schon!" Rasputin erscheint auf der Schwelle in Pelz und Mütze. „Nur noch die Gummischuhe anziehen – – die Stiefel sind neu und könnten verderben ... Dunja, die Gummischuhe!

Dunja bringt die Gummischuhe, hilft Rasputin sie anziehen und betrachtet dabei mißtrauisch und feindlich Jussupoff. Sie liebt ihn nicht, weil sie weiß, daß er bisher mit Rasputin nicht hat zusammenkommen wollen, und man erzählt, daß er zum feindlichen Lager gehöre ... . Seine unerwartete Visite verwirrt und erregt sie ebenso wie seine Einladung. Instinktiv ahnt sie die Gefahr ... . Sie hat aber nicht den Mut, noch einmal Rasputin davon zu sprechen: er wird wieder wütend werden, und sie weiß, wie furchtbar er in seiner Wut sein kann ... .

„Warte nicht auf mich, Dunja", sagt Rasputin, indem er ins Vorzimmer geht. „Ich werde spät kommen – vielleicht erst im Morgengrauen. Wenn aber aus Zarskoje Selo angerufen werden sollte, dann sag', daß ich schlafe und nicht geweckt werden darf ..."

An der Ausgangstür bleibt er einen Augenblick stehen – scheint nachzudenken – scheint zu schwanken, als könnte er sich nicht entschließen hinauszugehen ... Jussupoff errät, was er denkt und sein Herz hört für einen Augenblick zu schlagen auf. Das ist der entscheidende Moment: wenn Rasputin es sich überlegt, wenn er zu Hause bleibt – ist alles verloren, und die lange, gründlich vorbereitete Verschwörung geht dann in Rauch auf ... .

Es macht den Eindruck, als ob auch Dunja Rasputins Gedanken errät. Sie macht noch einmal einen letzten, verzweifelten Versuch:

„Bleib! ... wirst ein andermal fahren ..."

Wenn sie das nicht gesagt hätte, wäre Rasputin jetzt vielleicht zu Hause geblieben. Der ungebetene Rat aber ärgert ihn. Er gestattet es niemand – besonders Frauen nicht – ihm Ratschläge zu erteilen!

„Fahren wir!" sagt er und geht aus der Tür.

Rasputins Ende

Die Attentatspläne auf Rasputin sind reif geworden, und heute sollen sie ausgeführt werden.

Das Eßzimmer im Palais Jussupoff. Aus diesem Zimmer führt eine Wendeltreppe in das Arbeitszimmer des Hausherrn.

Es ist Abend. Im Kamin brennt ein Feuer. Der Großfürst Dimitrij Pavlowitsch, Purischkewitsch, Lwoff und Doktor Lasowert stehen um den Tisch herum, auf dem der Tee serviert ist. Alle sehen erregt aus – man fühlt es, daß ihre Nerven bis zum äußersten gespannt sind. Doktor Lasowert beendet die Vorbereitungen: in diesem rosa Kuchen befindet sich das Gift – Zyankali. Die Dosis ist um viele Male größer, als die, die nötig ist, um einen Menschen zu töten. Es muß jetzt nur noch das Gift in den Wein geschüttet werden – – in den Madeira. Rasputin liebt Madeira …

Alle sehen der Arbeit des Doktors mit gruseliger Neugierde zu. So, jetzt ist scheinbar alles fertig. Man muß nur noch die Gedecke auf dem Tisch in Unordnung bringen, als ob man hier bereits Tee getrunken hätte. – –

Draußen brüllt eine Autohupe auf. Sie sind gekommen!

Das Licht im Eßzimmer wird ausgemacht und alle laufen die Treppe zum Arbeitszimmer hinauf. Das Grammophon her! Eine Platte mit einem amerikanischen Gassenhauer!

Rasputin und Jussupoff betreten das Eßzimmer. Rasputin nimmt den Pelz ab und lauscht der Musik, die aus den oberen Räumen hierher dringt.

„Es wird dort oben getanzt?"

„Ja, meine Frau hat Besuch … Aber die Leute werden bald gehen und meine Frau kommt dann herunter zu uns …"

Jussupoff hilft Rasputin beim Ausziehen des Pelzes und fordert ihn auf, Platz zu nehmen. Rasputin sieht sich neugierig im Zimmer um.

Jussupoff gießt den Tee ein. Er bittet Rasputin am Tisch Platz zu nehmen. Überredet ihn zu trinken. Da ist auch Gebäck – der von ihm so geliebte rosa Kuchen ... Rasputin will den Kuchen nicht essen: – nein, der ist ihm zu süß, jetzt mag er ihn nicht mehr ...

Oben im Arbeitszimmer horchen der Großfürst, Purischkewitsch, Lwoff und Lasowert aufgeregt an der Tür, um zu hören, was im Eßzimmer vor sich geht. Man hört aber nichts ... Eine neue Grammophonplatte wird aufgelegt. Sie schlagen mit den Füßen den Takt dazu, um das Geräusch Tanzender vorzutäuschen ...

Während Rasputin sich mit Jussupoff unterhält, greift er gedankenlos nach einem Stück des rosa Kuchens und ißt es. Der Kuchen schmeckt ihm, er nimmt noch ein Stück. „Wein?" „Ja, bitte!" Jussupoff gießt ihm aus der Karaffe, in die sie das Gift getan hatten, Wein ein. Rasputin trinkt schluckweise, genießerisch schlürfend, wie ein Kenner. Aber weshalb trinkt Jussupoff denn nicht?

Er mag keinen Madeira. Er trinkt nur Krimwein ... Jussupoff gießt auch sich ein. ... Stößt mit Rasputin an. Beide trinken.

Nach dem zweiten Glas befühlt Rasputin seinen Hals, als hinderte ihn etwas beim Trinken.

„Ach, gar nichts – es kratzt mich etwas im Halse –. Gießen Sie mir noch ein Glas ein – – "

Jussupoff tut es. Rasputin trinkt.

„Wo ist deine Frau?" – fragt Rasputin.

„Ich werde sie gleich rufen ..."

Jussupoff läuft die Treppe zum Arbeitszimmer hinauf. Währenddessen geht Rasputin im Zimmer auf und ab und bleibt vor einem Gemälde, das eine Frau darstellt, stehen.

Wem sieht sie ähnlich? Der Zigeunerin Mascha? Na, selbstverständlich – sie ist es, sie! Ihre Augen, ihr Lächeln, ihre Schultern, Beine. – –

Währenddessen umstehen die Verschwörer Jussupoff und überschütten ihn mit Fragen:

„Na, was ist unten los? Was ist los?"

„Ich verstehe überhaupt nichts mehr! Er hat einige Stücke des vergifteten Kuchens gegessen – hat vom Madeira getrunken und bis jetzt ist noch nichts geschehen! ..."

„Vielleicht ist das Gift zu wenig stark?"

Doktor Lasowert sagt darauf: „Ein Zehntel der Dosis würde genügen, um einen Menschen ins Jenseits zu befördern!"

Die Verschwörer bestehen darauf, daß Jussupoff in das Eßzimmer zurückkehrt: vielleicht ist Rasputin bereits tot?

Jussupoff verläßt das Arbeitszimmer – geht die Treppe hinunter – und findet Rasputin neben dem Gemälde sitzen vor. Sein Kopf ist auf die Brust gesunken, er hält ihn mit den Händen umfaßt und atmet schwer.

„Was fehlt Ihnen?"

„Durst, – – schrecklichen Durst habe ich ... Gieß mir Tee ein!"

Jussupoff gießt ihm Tee ein. Rasputin erhebt sich, geht auf den Tisch zu und bemerkt dabei eine Gitarre, die auf einem der Stühle liegt. Er bittet Jussupoff:

„Spiele mir etwas vor und singe. Ein Zigeunerlied ... Man sagt, du habest eine schöne Stimme. Sing' mal – ‚Kutscher, jag' nicht die Pferde' ... Mir ist heute, ich weiß nicht warum, so schwer ums Herz – schwarze Gedanken ... . Sing' – dein Lied wird die bösen Gedanken bannen."

Jussupoff versucht abzulehnen, muß dann aber doch nachgeben. Er singt. Rasputin schließt die Augen und hört aufmerksam zu. Er ist totenbleich. Atmet schwer.

„Kutscher, jag' nicht die Pferde ..." singt Jussupoff. Die Saiten der Gitarre stöhnen unter seinen zitternden Fingern ...

Die Verschwörer lauschen an der Tür des Arbeitszimmers – sie hören Jussupoffs Gesang – die Gitarre ... Was ist das?! Verstört und fragend sehen sie einander an. Sie möchten sehen, was im Eßzimmer vorgeht ...

Purischkewitsch öffnet vorsichtig und leise die Tür. In diesem Augenblick fällt der Schlüssel aus dem Schlüsselloch auf den Fußboden.

Das Geräusch des fallenden Schlüssels erregt die Aufmerksamkeit Rasputins. Er erhebt den Kopf horcht. „Was ist das?"

„Wahrscheinlich sind es die Gäste, die aufbrechen – gleich wird meine Frau hier sein ..."

Rasputin treibt Jussupoff zur Eile an: „Sag' ihr, daß sie schneller kommen möge."

Jussupoff verläßt abermals das Zimmer und geht hinauf. Dort wird er mit größter Aufregung erwartet: „Fertig? Alles zu Ende?"

„Das Gift hat nicht gewirkt!"

Alle sind verblüfft. Aufgeregt flüsternd beraten sie, was weiter geschehen soll? Sollen alle hinuntergehen und über Rasputin herfallen? Nein, wenn er sie alle zusammen sehen wird – wird er bestimmt Verdacht schöpfen! Er wird sich zur Wehr setzen – ist stark wie ein Bär – und vielleicht ist er auch bewaffnet. – –

Sie beschließen: Jussupoff soll allein hinuntergehen. Hier ist ein Revolver! Wenn er schießen muß – – –

Jussupoff nimmt den Revolver – und geht ins Eßzimmer zurück. Wieder findet er Rasputin vor dem Bilde stehend vor. Er nähert sich ihm, den Revolver auf dem Rücken verbergend. Rasputin hört die Schritte des näherkommenden Jussupoff und sagt, ohne sich umzudrehen:

„Ich schaue mir das an. Ein schönes Weib! Schenke mir dieses Bild."

Jussupoff antwortet, langsam jedes Wort betonend:

„Es wäre für dich besser, dir das Heiligenbild anzusehen und zu beten."

Das Heiligenbild?!! Beten?!! Rasputin sieht sich schnell und mißtrauisch nach Jussupoff um – sieht ihm einige Augenblicke lang in die Augen, als ob er seine Gedanken lesen wolle – und fragt dann mit geheimnisvollem Flüstern:

„Was hast du dir ausgedacht? Was?" ...

Erraten – gefühlt – – –

Seine grünen Augen weiten sich, werden kreisrund ... seine Blicke durchbohren Jussupoff wie schwarze Nadeln ... Langsam nähert er sein Gesicht dem Jussupoffs, seine Augen hypnotisieren – – – während er ihn anzischt: „Was hast du dir ausgedacht? Was?" ...

Mit einer schnellen Bewegung holt Jussupoff den Revolver hinter dem Rücken hervor und schießt einmal – – zum zweiten Male – – Rasputin schreit auf, wild und tierisch – und fällt auf das Bärenfell nieder. –

Oben, im Arbeitszimmer, geraten die dort Wartenden in Aufregung. – Schüsse ... . Alle wollen hinunterlaufen. Purischkewitsch hält sie zurück. –

Jussupoff blickt auf den unbeweglich daliegenden Rasputin. Tot? Ja, tot! Dann läuft er zur Treppe. Unterwegs schaltet er das elektrische Licht aus – – im Eßzimmer wird es dunkel.

Im Arbeitszimmer wird Jussupoff von den Verschwörern umringt.

„Fertig! Tot! – – "

Eiligste Vorbereitung zum Ausbruch. Man muß möglichst schnell die Leiche von hier fortbringen! Wo sind der Pelz und die Mütze Rasputins? Lasowert wird diese Kleidungsstücke anziehen und als Rasputin das Haus verlassen.

Der Pelz ist unten im Eßzimmer geblieben. Jussupoff wird sofort hinuntergehen, um ihn zu holen. Er verläßt das Arbeitszimmer geht die Treppe hinunter – – schaltet das Licht ein. Das Eßzimmer wird hell. Jussupoff macht einen Schritt vorwärts – und bleibt wie gebannt stehen: dort, in der gegenüberliegenden Ecke des Zimmers, steht Rasputin – totenbleich, mit starren, unnatürlich großen Augen, in denen grüne Funken zu sprühen scheinen. Rasputin sieht wie ein furchtbares Gespenst aus.

Langsam beginnt er sich Jussupoff zu nähern, während er ihn mit seinen großen, starren Augen unverwandt ansieht. Seine Hände sind vorgestreckt – – er murmelt etwas Unverständliches – – –.

„Er lebt – er lebt!" schreit Jussupoff hysterisch.

Aus dem Arbeitszimmer stürzen der Großfürst, Purischkewitsch, Lwoff und Lasowert – sie laufen die Treppe herunter, ihre Revolver aus der Tasche ziehend.

Als Rasputin sie sieht, schreit er auf, wie ein verwundetes Tier und stürzt zu einer kleinen Tür, die sich im Hintergründe des Zimmers befindet.

„Dort entkommst du uns nicht! Diese Tür ist abgeschlossen!" schreit Jussupoff – – aber in diesem Moment öffnet Rasputin die Tür und verschwindet.

Jussupoff fällt auf einen Stuhl nieder – er ist für einen Augenblick vor Aufregung der Sprache beraubt. ...

Während der Großfürst, Lasowert und Lwoff sich um ihn bemühen – ihm Wasser reichen und ihn stützen –, läuft Purischkewitsch hinter Rasputin her und verschwindet durch dieselbe kleine Tür. –

Durch die Alleen des verschneiten Parks sieht man zwei schwarze Schatten huschen – zwei Menschen. Der vordere ist – – Rasputin, er gleicht einem verwundeten Tier, das von Hunden gehetzt wird, der andere hinter ihm – Purischkewitsch, mit einem Revolver in der Hand.

Rasputin ist schon an der Pforte … . Noch einen Augenblick, und er hat die Straße erreicht – ist gerettet!! Aber die eiserne Pforte ist verschlossen! Rasputin stößt einen heisernen Schrei aus und stürzt zur anderen Pforte. Purischkewitsch schneidet ihm den Weg ab – schießt ... der Schuß geht fehl! Rasputin duckt sich, zieht den Kopf zwischen die Schultern und entflieht in weiten Sätzen, wie ein Hase. Nun ist er schon an der anderen Pforte. Jetzt wird er bestimmt die Straße erreichen.

„Du entkommst mir nicht, du entkommst mir nicht!" schreit Purischkewitsch heiser und schießt zum zweiten Male. – Wieder fehlgegangen? Nein: die blutigen Spuren, die Rasputin hinterläßt, zeugen davon, daß die Kugel ihr Ziel erreicht hat ... aber Rasputin lebt noch! Er läuft noch ... . Auch die zweite Pforte ist verschlossen, da wendet er sich, ganz außer Atem vom Laufen und vor Schmerz stöhnend, dem kleinen Seitenpförtchen zu ... .

Purischkewitsch läuft – läuft ... fährt fort, im Laufen zu schießen. Kurz vor dem Pförtchen hat er Rasputin erreicht und schießt nun aus nächster Nähe auf ihn ein. –

Im Eßzimmer horchen alle voller Unruhe auf die Schüsse. Plötzlich wird es still. – – Ist er entkommen? Getötet? ... Es vergehen einige Minuten in dumpfer, quälender Erwartung ... .

Da erscheint Purischkewitsch. Er ist bleich, wie der Tod. Der Revolver zittert in seiner Hand.

„Alles ist zu Ende!" sagt er heiser.

Die Verschwörer umringen ihn – – fragen ihn aus – – aber er kann kein Wort Hervorbringen. Seine Augen blicken verstört, wie die eines Irrsinnigen, mühsam nur entringt sich seinen schneeweißen Lippen ein undeutliches Murmeln. ...

„Wasser! Schnell Wasser!" ...

Jussupoffs Kammerdiener tritt ins Zimmer. Er meldet: Ein Schutzmann ist gekommen, er hat die Schüsse gehört – verlangt eine Erklärung. Was soll man ihm sagen?

Einige Minuten lang sind alle unschlüssig. Dann sagt Purischkewitsch: „Lassen Sie ihn hereinkommen!"

Der Schutzmann tritt ein. Purischkewitsch geht ihm entgegen.

„Sie haben die Schüsse gehört? Ja? Sie müssen Ihrem Vorgesetzten Bericht erstatten? Sagen Sie ihm, daß hier soeben ein Hund erschossen worden ist – – ein toller Hund – –!"

Jetzt heißt es nur noch, die furchtbare Tat beenden – die Spuren des Mordes verwischen. Es ist schon alles vorher überlegt worden, alles vorbereitet. Der Körper Rasputins wird in seinen Pelz gehüllt – – die Mütze ihm über den Kopf gezogen – –. Dann wird er ins Auto gesetzt. Doktor Lasowert sitzt am Steuer. – – Neben der Leiche hat Purischkewitsch Platz genommen. Fort geht es! ...

Das Automobil jagt durch die schlafenden Straßen Petrograds, fährt aus der Stadt hinaus. Noch einige Minuten, und es ist am Ziel – am Fluß. Da ist schon gestern das Loch im Eise bestimmt worden, in welches die Leiche hineingeworfen werden soll ... .

Da ist es! Purischkewitsch und Lasowert tragen den schweren Körper über das Eis und es scheint ihnen, daß Rasputin noch lebt. ... Sie spüren ein schwaches Zucken in seinem Körper, als machte er immer noch Versuche, sich zu wehren ... . Von Grauen und abergläubischer Furcht ergriffen, beschleunigen sie ihre Schritte – – fangen an zu laufen ... .

Da ist auch das Eisloch! Schwarz sticht es von dem weißen Eise ab, wie eine Gruft. Nach wenigen Augenblicken schon wird es wirklich die Gruft sein, in die man Rasputin versenkt.

Sie schwenken den Leichnam hin und her und werfen ihn in die schwarze Tiefe des Eisloches ... . Auf dem Wasser, das so schwarz wie Tinte ist, bilden sich Kreise. –

Alles ist zu Ende?!!

Purischkewitsch und Lasowert bleiben noch einige Minuten lang wie gebannt vor Grauen stehen. Sie haben nicht mehr die Kraft, auch nur einen Schritt zu machen – – – und das, was sie da plötzlich gewahren, gleicht einer furchtbaren Halluzination: Sie glauben zu sehen, daß der Leichnam Rasputins im Wasser wieder hochgekommen ist und sein Gesicht an das durchsichtige Eis preßt – – – so, als blicke er durch das Eis, wie durch ein Fensterglas auf seine Mörder. ... Sie glauben, sogar seine Augen zu sehen – tote, grüne, von Haß und Todesangst weitgeöffnete Augen – – –.

„Ich werde nicht sein und der Zar wird auch nicht sein!" hatte Rasputin vorausgesagt, und diese Prophezeiung war, wie viele andere, in Erfüllung gegangen: Genau drei Monate nach seinem Tode brach die Revolution wie ein Gewitter, wie ein Orkan über das Land herein, Zerstörung und Tod mit sich bringend. Der tosende Sturmwind der Revolution entführte den Zaren und seine Familie in das ferne Sibirien. Die revolutionären Scharen verschonten auch nicht das Grab Rasputins, in welches man ihn, nachdem man seinen Leichnam gefunden, versenkt hatte. Unter dem Klang revolutionärer Lieder wurde die Leiche mit Benzin begossen und verbrannt. Der Wind zerstreute seine Asche in alle Himmelsrichtungen und nichts blieb von Rasputin – – nichts, außer historischen Dokumenten und Legenden.

Ende